PROJETO

Ápis

EDUCAÇÃO INFANTIL

DANTE E NOEMI

LINGUAGENS

DE ACORDO COM A BNCC

CB136948

LUIZ ROBERTO DANTE

- LIVRE-DOCENTE EM EDUCAÇÃO MATEMÁTICA PELA UNIVERSIDADE ESTADUAL PAULISTA "JÚLIO DE MESQUITA FILHO" (UNESP-SP), *CAMPUS* DE RIO CLARO
- DOUTOR EM PSICOLOGIA DA EDUCAÇÃO: ENSINO DA MATEMÁTICA PELA PONTIFÍCIA UNIVERSIDADE CATÓLICA DE SÃO PAULO (PUC-SP)
- MESTRE EM MATEMÁTICA PELA UNIVERSIDADE DE SÃO PAULO (USP)
- LICENCIADO EM MATEMÁTICA PELA UNESP-SP, RIO CLARO
- PESQUISADOR EM ENSINO E APRENDIZAGEM DA MATEMÁTICA PELA UNESP-SP, RIO CLARO
- EX-PROFESSOR DO ENSINO FUNDAMENTAL E DO ENSINO MÉDIO NA REDE PÚBLICA DE ENSINO
- AUTOR DE LIVROS PARA A EDUCAÇÃO BÁSICA

NOEMI BIANCHINI

- DOUTORA EM SOCIOLOGIA DA EDUCAÇÃO PELO PROGRAMA EDUCAÇÃO, HISTÓRIA, POLÍTICA E SOCIEDADE DA PONTIFÍCIA UNIVERSIDADE CATÓLICA DE SÃO PAULO (PUC-SP)
- MESTRA EM EDUCAÇÃO ESCOLAR PELA UNIVERSIDADE ESTADUAL PAULISTA "JÚLIO DE MESQUITA FILHO" (UNESP-SP), *CAMPUS* DE ARARAQUARA
- PÓS-GRADUADA EM TEORIA E CRÍTICA LITERÁRIA PELA UNESP-SP, ARARAQUARA
- LICENCIADA EM LETRAS E PEDAGOGIA PELA FACULDADE DE FILOSOFIA, CIÊNCIAS E LETRAS DE ARARAS (FFCLA)
- EXPERIÊNCIA COMO SUPERVISORA E COORDENADORA DE CONTEÚDOS PARA CURSOS DE FORMAÇÃO DE PROFESSORES
- EX-PROFESSORA DOS CURSOS DE GRADUAÇÃO E PÓS-GRADUAÇÃO NAS ÁREAS DE CURRÍCULO, LEGISLAÇÃO, GESTÃO E ALFABETIZAÇÃO
- EX-PROFESSORA DO ENSINO FUNDAMENTAL E DO ENSINO MÉDIO NAS REDES PÚBLICA E PARTICULAR DE ENSINO

1

editora ática

editora ática

Presidência: Mario Ghio Júnior
Direção editorial: Lidiane Vivaldini Olo
Gerência editorial: Viviane Carpegiani
Gestão de área: Tatiany Renó
Edição: Luciana Nicoleti (coord.), Marina S. Lupinetti (coord.) e Danuza Dias Gonçalves
Planejamento e controle de produção: Flávio Matuguma, Juliana Batista, Felipe Nogueira e Juliana Gonçalves
Revisão: Kátia Scaff Marques (coord.), Brenda T. M. Morais, Claudia Virgilio, Daniela Lima, Malvina Tomáz e Ricardo Miyake
Arte: André Gomes Vitale (ger.), Catherine Saori Ishihara (coord.) e Kleber de Messas (edição de arte)
Diagramação: R2 Design
Iconografia e tratamento de imagem: Denise Kremer e Claudia Bertolazzi (coord.), Fernanda Gomes (pesquisa iconográfica) e Fernanda Crevin (tratamento de imagens)
Licenciamento de conteúdos de terceiros: Roberta Bento (ger.), Jenis Oh (coord.), Liliane Rodrigues, Flávia Zambon e Raísa Maris Reina (analistas de licenciamento)
Ilustração: Biry Sarkis
Cartografia: Eric Fuzii (coord.) e Robson Rosendo da Rocha
Design: Erik Taketa (coord.) e Talita Guedes (proj. gráfico e capa)
Projeto gráfico: Estúdio Apis Design
Ilustração de capa: Barlavento Estúdio Criativo

Avenida Paulista, 901, 6º andar – Bela Vista
São Paulo – SP – CEP 01310-200
http://www.somoseducacao.com.br

Dados Internacionais de Catalogação na Publicação (CIP)

Dante, Luiz Roberto
Projeto Ápis : Educação infantil : Linguagens : volume 1 ao 3 / Luiz Roberto Dante, Noemi Bianchini. -- 2. ed. -- São Paulo : Ática, 2020.
(Projeto Ápis ; vol. 1 ao 3)

Bibliografia

1. Educação infantil I. Título II. Bianchini, Noemi III. Série

20-1427 CDD 372

Angélica Ilacqua - Bibliotecária - CRB-8/7057

2020
Código da obra CL 750420
CAE 721307 (AL) / 721308 (PR)
ISBN 9788508195787 (AL)
ISBN 9788508195794 (PR)
2ª edição
1ª impressão
De acordo com a BNCC.

Impressão e acabamento EGB Editora Gráfica Bernardi Ltda

Uma publicação SOMOS EDUCAÇÃO

Biry Sarkis/Arquivo da editora

A **COLEÇÃO ÁPIS EDUCAÇÃO INFANTIL** CHEGA ATÉ VOCÊ TRAZENDO MUITO APRENDIZADO!

COM UMA LINGUAGEM SIMPLES E ATRAENTE, OS CONTEÚDOS ACOMPANHAM SUA EVOLUÇÃO E SEU DESENVOLVIMENTO.

COMPARTILHE, APRENDA E DIVIRTA-SE!

DANTE E NOEMI

CONHEÇA SEU LIVRO

ESTA É A **TURMA DO GUI**, QUE VAI ACOMPANHAR VOCÊ DURANTE O ANO TODO.

GUI **RAFAEL** **CLARA** **BIA** **IVO**

MATERIAL DE APOIO

SEMPRE QUE VOCÊ ENCONTRAR ESTE ÍCONE SIGNIFICA QUE **HÁ PEÇAS E FIGURAS A SEREM DESTACADAS** NO FINAL DO LIVRO.

SUGESTÃO DE...

TODA VEZ QUE APARECER O BOXE **SUGESTÃO DE...** VOCÊ VAI ENCONTRAR INDICAÇÕES DE MATERIAIS QUE COMPLEMENTAM OS TEMAS TRABALHADOS NO LIVRO, AMPLIANDO SEU APRENDIZADO!

- ESTAS SÃO AS SEÇÕES DE SEU LIVRO:

AS **ABERTURAS DE UNIDADE** INTRODUZEM O TEMA.

NA SEÇÃO **HORA DO JOGO E DA BRINCADEIRA**, VOCÊ RETOMA OS CONCEITOS TRABALHADOS COM ATIVIDADES LÚDICAS E JOGOS QUE TORNAM SEU APRENDIZADO MUITO MAIS DIVERTIDO!

NA SEÇÃO **LER E ESCREVER – PRIMEIROS PASSOS** VOCÊ ENCONTRA ATIVIDADES PARA LER, ESCREVER, CONVERSAR, OUVIR...

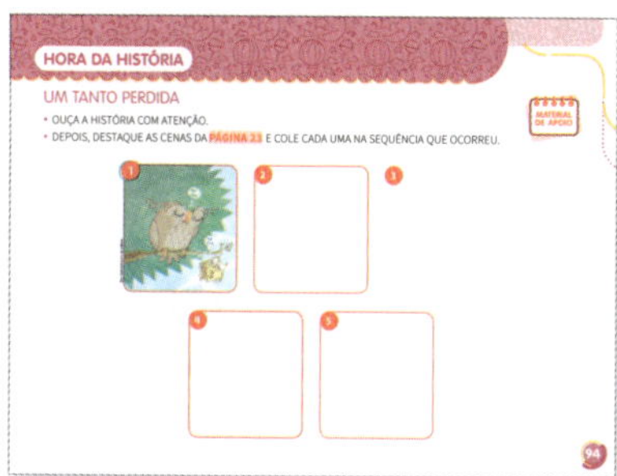

A SEÇÃO **HORA DA HISTÓRIA** PROPORCIONA MOMENTOS PARA OUVIR E CONTAR HISTÓRIAS, APRENDER E SE DIVERTIR!

A SEÇÃO **VAMOS CRIAR?** DESAFIA VOCÊ A USAR A IMAGINAÇÃO E A CRIATIVIDADE PARA PENSAR SOLUÇÕES, PRODUZIR E APRENDER MUITO!

SUMÁRIO

UNIDADE 1

TODOS NÓS E A NATUREZA 7

UNIDADE 2

NOSSA FAMÍLIA E NOSSA CASA 33

SUMÁRIO

UNIDADE 3

TODOS NÓS E OS ANIMAIS............. 65

UNIDADE 4

TODOS NÓS E A ESCOLA.............. 95

MATERIAL DE APOIO

UNIDADE 1

TODOS NÓS E A NATUREZA

Biry Sarkis/Arquivo da editora

O QUE FAZ PARTE DA NATUREZA?

A TURMA DO GUI

GUI TEM VÁRIOS AMIGOS NA ESCOLA: BIA, CLARA, IVO E RAFAEL. ELES ESTÃO SEMPRE JUNTOS.

Biry Sarkis/Arquivo da editora

- VOCÊ TAMBÉM TEM AMIGOS NA ESCOLA? E EM OUTROS LUGARES? CONTE COMO ELES SÃO.

EU SOU ASSIM

VOCÊ CONHECEU A TURMA DO GUI.

- AGORA, DIGA SEU NOME PARA OS COLEGAS E FAÇA UM DESENHO DE COMO VOCÊ É.

O VENTO

• ACOMPANHE A LEITURA DO PROFESSOR.

VENTO SOPROU

VENTO SOPROU, SOPROU, SOPROU
LEVOU A ASA-DELTA PARA PASSEAR
VENTO SOPROU, SOPROU, SOPROU
LEVOU O VELEIRO PRO MEIO DO MAR
[...]

POR QUÊ?, DE RITA RAMEH E LUIZ WAACK. H. STUDIO WAACK, 2006. (CD).

Biry Sarkis/Arquivo da editora

Alexandra Lande/Shutterstock

• LEVE A ASA-DELTA PARA PASSEAR. TRACE UMA LINHA PELA PÁGINA PARA INDICAR O VOO DELA.

MATERIAL DE APOIO

OS OBJETOS E O VENTO

REGRAS

1. CONVIDE UM COLEGA PARA JOGAR COM VOCÊ.
2. DESTAQUEM AS CARTAS DA **PÁGINA 3**.
3. VIREM AS CARTAS COM AS FIGURAS PARA BAIXO.
4. UM PARTICIPANTE POR VEZ ESCOLHE DUAS CARTAS E AS DESVIRA.
5. SE OS OBJETOS FOREM DIFERENTES, O PARTICIPANTE DEVERÁ DIZER O NOME DESSES OBJETOS E VIRAR AS CARTAS COM AS FIGURAS PARA BAIXO DE NOVO.
6. SE OS OBJETOS FOREM IGUAIS, O PARTICIPANTE FICARÁ COM O PAR DE CARTAS.
7. QUANDO ACABAREM AS CARTAS DA MESA, É CONSIDERADO VENCEDOR QUEM TIVER O MAIOR NÚMERO DE CARTAS.

Ilustrações: Biry Sarkis/Arquivo da editora

UM DIA DE CHUVA

MATERIAL DE APOIO

- DESTAQUE AS CENAS DA **PÁGINA 5**. COLOQUE AS CENAS NA ORDEM CORRETA.

1

2

3

- VOCÊ GOSTA DE DIAS DE CHUVA? POR QUÊ?
- DESENHE O QUE VOCÊ VÊ EM UM DIA DE CHUVA.

SUGESTÃO DE LIVRO

Reprodução/Editora Gaivota

QUE TORÓ! DIA DE CHUVA, DE ADRIANO MESSIAS. SÃO PAULO: GAIVOTA, 2012.

A CHUVA

• VAMOS CANTAR?

DONA ARANHA

A DONA ARANHA
SUBIU PELA PAREDE
VEIO A CHUVA FORTE
E A DERRUBOU.
[...]

CANTIGA POPULAR.

• AGORA, DESENHE A CHUVA FORTE.

Biry Sarkis/Arquivo da editora

CHOVE PRA CHUCHU!

- VAMOS REPETIR O REFRÃO DA CANÇÃO "NOÉ"?

NOÉ

CHOVE CHUVA, CHUVA CHOVE, CHOVE PRA CHUCHU
CHUVA CHOVE, CHOVE CHUVA, CHOVE PRA CHUCHU
[...]

MIL PÁSSAROS, DE PALAVRA CANTADA. MCD, 1999. (CD).

- DESTAQUE AS IMAGENS DA **PÁGINA 5**. DEPOIS, COLE AS IMAGENS NOS LUGARES CORRESPONDENTES PARA COMPLETAR A CENA.

MATERIAL DE APOIO

Biry Sarkis/Arquivo da editora

SUGESTÃO DE DVD

Reprodução/Arquivo da editora

VEM DANÇAR COM A GENTE, DE PALAVRA CANTADA. MDC, 2011. OUÇA A CANÇÃO "DE GOTINHA EM GOTINHA", CANTE E BRINQUE COM OS COLEGAS.

GUARDA-CHUVAS

• ACOMPANHE A LEITURA FEITA PELO PROFESSOR.

Ilustrações: Biry Sarkis/ Arquivo da editora

GUARDA-CHUVAS

TENHO QUATRO GUARDA-CHUVAS
TODOS OS QUATRO COM DEFEITO:
UM EMPERRA QUANDO ABRE,
OUTRO NÃO FECHA DIREITO.

UM DELES VIRA AO CONTRÁRIO
SE EU ABRO SEM TER CUIDADO.
OUTRO, ENTÃO, SOLTA AS VARETAS
E FICA TODO AMASSADO.
[...]

CHEIRO DE CHUVA, DE ROSANA RIOS. SÃO PAULO: STUDIO NOBEL, 2003. P. 33.

• COMPLETE O GUARDA-CHUVA. DEPOIS, PINTE A ILUSTRAÇÃO BEM COLORIDA.

O SOL

- VAMOS CANTAR DE NOVO?

DONA ARANHA

[...]
JÁ PASSOU A CHUVA
O SOL JÁ VAI SURGINDO
E A DONA ARANHA
NA PAREDE VAI SUBINDO
[...]

CANTIGA POPULAR.

- CONTINUE OS PONTINHOS PARA COLORIR O SOL.

Biry Sarkis/Arquivo da editora

SOL OU CHUVA?

MATERIAL DE APOIO

- VAMOS BRINCAR COM AS MÃOS?
- PRESTE ATENÇÃO AO COMANDO DO PROFESSOR E BRINQUE COM OS COLEGAS.

REGRAS

1. NÚMERO DE PARTICIPANTES: TODOS OS ALUNOS DA TURMA.
2. QUANDO O PROFESSOR DISSER **SOL**, TODOS DEVERÃO LEVANTAR AS MÃOS ABERTAS; QUANDO DISSER **CHUVA**, TODOS DEVERÃO ABAIXAR AS MÃOS ABERTAS.
3. O PARTICIPANTE QUE NÃO ACERTAR SAI DO JOGO.
4. VENCE O PARTICIPANTE QUE FICAR ATÉ O FINAL DO JOGO.

- DEPOIS DE BRINCAR, DESTAQUE AS IMAGENS DA **PÁGINA 5** E COLE CADA UMA NA CENA CORRESPONDENTE.

Ilustrações: Biry Sarkis/Arquivo da editora

BRINCADEIRA NA AREIA

GUI E BIA ESTÃO CONSTRUINDO UM CASTELO NA AREIA.

Biry Sarkis/Arquivo da editora

• AJUDE GUI E BIA A COMPLETAR O CASTELO.

O PASSEIO DE GUI E BIA

MATERIAL DE APOIO

• OBSERVE A CENA. COMO PROTEGER GUI E BIA DO SOL?

Ilustrações: Biry Sarkis/Arquivo da editora

• DESTAQUE AS IMAGENS DA **PÁGINA 7**, CONVERSE SOBRE ELAS COM OS COLEGAS E COMPLETE A CENA.

FESTA NO CÉU

- ACOMPANHE A LEITURA FEITA PELO PROFESSOR.

UM BELO DIA, UMA DAS AVES DA FLORESTA VOOU ANUNCIANDO UMA GRANDE FESTA NO CÉU.

ANTES MESMO QUE TODOS SE ALEGRASSEM COM O CONVITE, ELA CONTINUOU...

— SÓ ESTÃO CONVIDADOS OS BICHOS QUE SABEM VOAR!

A TARTARUGA, QUE ADORAVA FESTAS, IMEDIATAMENTE PENSOU QUE NÃO FICARIA DE FORA E UM BELO PLANO BOLOU!

CONTO POPULAR, ADAPTADO POR NOEMI BIANCHINI DANTE PARA ESTA OBRA.

Biry Sarkis/Arquivo da editora

- COM OS COLEGAS E O PROFESSOR, INVENTE UM FINAL PARA ESSA HISTÓRIA.
- PINTE O CASCO DA TARTARUGA.

NOSSA FESTA NO CÉU!

- DESENHE SUA PARTE PREFERIDA DA HISTÓRIA "FESTA NO CÉU" QUE FOI INVENTADA PELA TURMA.

O AMARELO

NA NATUREZA, PODEMOS ENCONTRAR MUITOS BICHOS AMARELOS, COMO O CANARINHO, O PINTINHO E A ABELHA.

Ilustrações: Biry Sarkis/Arquivo da editora

- PINTE ESSES ANIMAIS USANDO A COR **AMARELA**.

PINTINHO AMARELINHO

MATERIAL DE APOIO

- CANTE A CANTIGA COM O PROFESSOR.

MEU PINTINHO AMARELINHO
MEU PINTINHO AMARELINHO
CABE AQUI NA MINHA MÃO
NA MINHA MÃO
QUANDO QUER COMER BICHINHOS
COM SEUS PEZINHOS ELE CISCA O CHÃO.
[...]

CANTIGA POPULAR.

- VAMOS MONTAR E COLAR OS PINTINHOS? DESTAQUE AS PEÇAS DA **PÁGINA 7** E SIGA AS INSTRUÇÕES DO PROFESSOR.

Biry Sarkis/Arquivo da editora

O AZUL

ACOMPANHE A LEITURA QUE O PROFESSOR VAI FAZER DO POEMA.

O QUE É AZUL?
O CÉU, O MAR, O TEU OLHAR!

NOEMI BIANCHINI DANTE.

- AGORA, VEJA FOTOS DOS ELEMENTOS AZUIS CITADOS NO POEMA. CONTORNE OS QUE VOCÊ JÁ VIU E DIGA O NOME DELES.

Elenamiv/Shutterstock

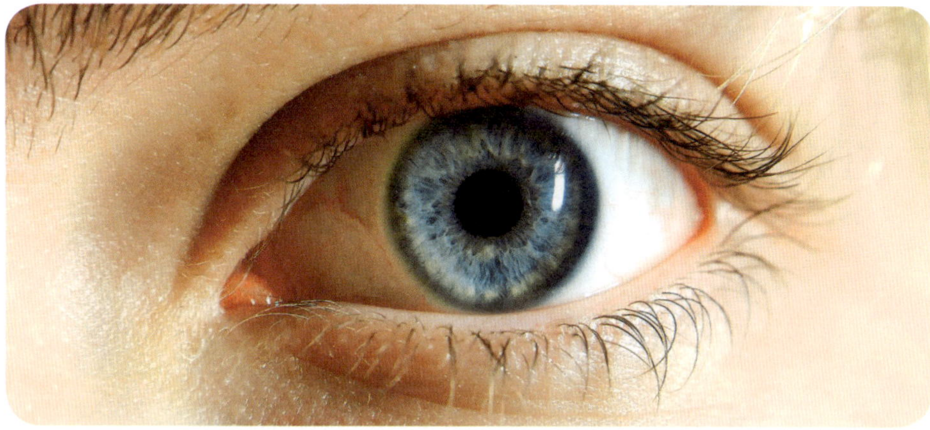

Kost9/Shutterstock

Anton Watman/Shutterstock

MUITOS TONS DE AZUL

- VAMOS CANTAR?

VESTI AZUL!
VESTI AZUL!
MINHA SORTE ENTÃO MUDOU
VESTI AZUL!
MINHA SORTE ENTÃO MUDOU...
[...]

NEM VEM QUE NÃO TEM: GRANDES SUCESSOS, DE WILSON SIMONAL (COMPOSITOR NONATO BUZAR). EMI MUSIC, 2011. (CD).

- RECORTE PEDAÇOS DE PAPEL AZUL, SOLTE A IMAGINAÇÃO E FAÇA UMA COLAGEM PARA ILUSTRAR A CANÇÃO.

O VERMELHO

NA NATUREZA, MUITAS COISAS TÊM A COR VERMELHA.

irin-k/ Shutterstock

Kyselova Inna/Shutterstock

apichart sripa/Shutterstock

Tepikina Nastya/ Shutterstock

Flower Studio/Shutterstock

Nyura/Shutterstock

itaci/Shutterstock

- CONTORNE COM UM LÁPIS **VERMELHO** O QUE VOCÊ JÁ CONHECE.
- VOCÊ JÁ COMEU ALGUMA FRUTA VERMELHA? O QUE ACHOU? CONTE PARA OS COLEGAS.

O VERMELHO DAS JOANINHAS

- CRIE CAMINHOS DIFERENTES QUE LEVEM AS JOANINHAS ATÉ A ÁRVORE.
- PINTE AS JOANINHAS.

Ilustrações: Biry Sarkis/Arquivo da editora

AS CORES NA NATUREZA

VEJA MAIS FOTOS DE ONDE PODEMOS ENCONTRAR O AMARELO, O AZUL E O VERMELHO NA NATUREZA!

Waldemar Manfred Seehagen/Shutterstock

Klaus Brauner/Shutterstock

Grigorii Pisotsckii/Shutterstock

- VAMOS MISTURAR ESSAS CORES? SIGA AS ORIENTAÇÕES DO PROFESSOR. DEPOIS, COMPARE A SUA MISTURA COM A DOS COLEGAS. ELAS FICARAM TODAS IGUAIS?

VOCÊ GOSTA DE POESIA?

- ACOMPANHE A LEITURA QUE O PROFESSOR VAI FAZER DO POEMA A SEGUIR. DEPOIS, COMPLETE E PINTE A BORBOLETA.

AS BORBOLETAS

BRANCAS
AZUIS
AMARELAS
E PRETAS
BRINCAM
NA LUZ
AS BELAS
BORBOLETAS.

BORBOLETAS BRANCAS
SÃO ALEGRES E FRANCAS.

BORBOLETAS AZUIS
GOSTAM MUITO DE LUZ.

AS AMARELINHAS
SÃO TÃO BONITINHAS!

E AS PRETAS, ENTÃO...
OH, QUE ESCURIDÃO!

Biry Sarkis/Arquivo da editora

AS BORBOLETAS, DE VINICIUS DE MORAES. DISPONÍVEL EM: <WWW.VINICIUSDE MORAES.COM.BR/PT-BR/POESIA/POESIAS-AVULSAS/BORBOLETAS>. ACESSO EM: 4 SET. 2019.

SUGESTÕES DE LIVROS

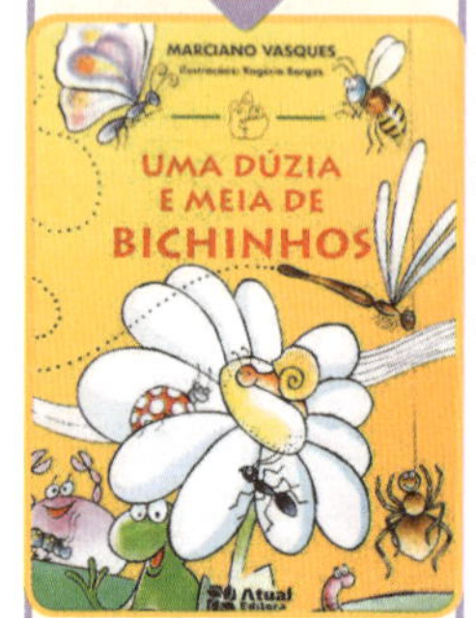

Reprodução/Editora Atual

UMA DÚZIA E MEIA DE BICHINHOS, DE MARCIANO VASQUES. SÃO PAULO: ATUAL, 2014.

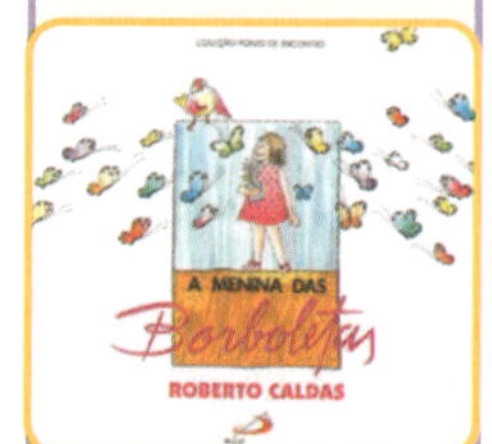

Reprodução/Editora Paulus

A MENINA DAS BORBOLETAS, DE ROBERTO CALDAS. SÃO PAULO: PAULUS, 1990.

CHAPEUZINHO VERMELHO

- OUÇA A HISTÓRIA QUE O PROFESSOR VAI CONTAR. DEPOIS, PINTE A CAPA DA PERSONAGEM CHAPEUZINHO.

Biry Sarkis/Arquivo da editora

VAMOS ENCENAR A HISTÓRIA?

- DESENHE O PERSONAGEM DA HISTÓRIA **CHAPEUZINHO VERMELHO** DE QUE VOCÊ MAIS GOSTA.

Biry Sarkis/Arquivo da editora

- DESTAQUE OS PERSONAGENS DA **PÁGINA 9** E SIGA AS ORIENTAÇÕES DO PROFESSOR.

MATERIAL DE APOIO

SUGESTÕES DE LIVROS

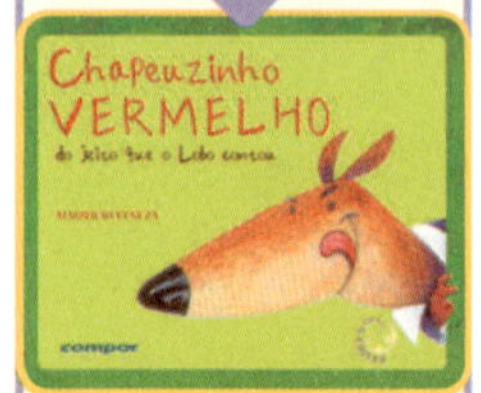

Reprodução/Editora Compor

CHAPEUZINHO VERMELHO DO JEITO QUE O LOBO CONTOU, DE MAURÍCIO VENEZA. BELO HORIZONTE: COMPOR, 1999.

Reprodução/Editora Paulinas

O CHAPEUZINHO VERMELHO (EM BRAILE), DE BIA VILLELA. SÃO PAULO: PAULINAS, 2011.

UNIDADE 2

NOSSA FAMÍLIA E NOSSA CASA

Biry Sarkis/Arquivo da editora

QUEM MORA COM VOCÊ? E QUEM SERÁ QUE MORA COM SEUS COLEGAS?

EU E MINHA FAMÍLIA

- OUÇA A CANÇÃO QUE O PROFESSOR VAI APRESENTAR. SE SOUBER A LETRA, CANTE TAMBÉM!

FAMÍLIA

DIGA QUEM MORA NA SUA CASA
QUEM MORA COM VOCÊ
[...]
TANTAS FAMÍLIAS TÃO DIFERENTES
FAMÍLIAS COM POUCA, COM MUITA GENTE
ISSO NÃO IMPORTA, O GOSTOSO É TER
SEMPRE UMA FAMÍLIA BEM PERTINHO DE VOCÊ.

POR QUÊ?, DE RITA RAMEH E LUIZ WAACK. STUDIO WAACK, 2006. (CD).

Biry Sarkis/Arquivo da editora

- AGORA, DESENHE SUA FAMÍLIA. CONTE AOS COLEGAS COMO ELA É.

VOVÓ E VOVÔ

- OUÇA O TRAVA-LÍNGUA QUE O PROFESSOR VAI DIZER. DEPOIS, TENTE REPETIR.

VOVÓ VIVI É FOFINHA
E VOVÔ FÚLVIO É FOFÃO.

TRAVADINHAS, DE EVA FURNARI. 3. ED. SÃO PAULO: MODERNA, 2011. P. 20.

- DESENHE VOVÓ VIVI E VOVÔ FÚLVIO.

NOSSAS DIFERENÇAS

DIFERENÇAS

CADA UM TEM UM
ROSTO, CORPO, NOME, JEITO DE SER.
[...]
TODO MUNDO É DIFERENTE SENDO IGUAL.
TODO MUNDO É IGUAL SENDO DIFERENTE.
[...]

CANTEIRO: MÚSICAS PARA BRINCAR, DE MARGARETH DAREZZO. SÃO PAULO: ÁTICA, 2011. (LIVRO-CD).

Biry Sarkis/Arquivo da editora

- FAÇA UM ❌ NO PERSONAGEM QUE TEM O CABELO MAIS COMPRIDO. QUEM É ELE?
- CONTORNE O PERSONAGEM QUE TEM O CABELO MAIS CLARO. QUEM É ELE?

QUEM É VOCÊ?

• ACOMPANHE A LEITURA FEITA PELO PROFESSOR. DEPOIS, DESENHE VOCÊ.

RECEITA DE SE OLHAR NO ESPELHO

SE OLHE DE FRENTE
DE LADO
DE COSTAS
DE CABEÇA PARA BAIXO
[...]
FAÇA CARETAS RIA SORRIA
FECHE OS OLHOS ABRA OS OLHOS
E SE VEJA SEMPRE SURPRESA

QUEM É VOCÊ?

RECEITAS DE OLHAR, DE ROSEANA MURRAY. 3. ED. SÃO PAULO: FTD, 1999. P. 12. (COLEÇÃO FALAS POÉTICAS).

HORA DO JOGO E DA BRINCADEIRA

ACORDA, CORPO!

VAMOS ACORDAR O CORPO?

- SIGA AS ORIENTAÇÕES DO PROFESSOR PARA A BRINCADEIRA.

ACORDA, ACORDA, ACORDA CORPO [...]
ACORDA, ACORDA, ACORDA JÁ.
[...]

90 IDEIAS DE JOGOS E ATIVIDADES PARA A SALA DE AULA, DE ANA MARIA FERLIN E DAISY APARECIDA CORRÊA GOMES. 2. ED. PETRÓPOLIS: VOZES, 2008. P. 70.

SUGESTÃO DE LIVRO

Reprodução/Editora Brinque-Book

DUDA ADORA PULAR, DE STEPHEN MICHAEL KING. TRADUÇÃO DE GILDA DE AQUINO. SÃO PAULO: BRINQUE-BOOK, 2008.

Biry Sarkis/Arquivo da editora

- PINTE NOS PERSONAGENS AS PARTES DO CORPO QUE VOCÊ CANTOU NA BRINCADEIRA.

MEU NOME

- OBSERVE O NOME DOS PERSONAGENS ABAIXO.

- AGORA, ESCREVA NO QUADRO AO LADO A PRIMEIRA LETRA DE SEU NOME.

DESAFIO DO NOME

• ESCREVA NO ESPAÇO EM BRANCO UMA LETRA DO NOME DE UM AMIGO.

Biry Sarkis/Arquivo da editora

NOSSO CORPO FAZ SONS

- ACOMPANHE A LEITURA FEITA PELO PROFESSOR.

QUE SOM?

QUE SOM, VOCÊ, AGORA VAI FAZER
FAÇA UM SOM DO CORPO PRA QUE EU POSSA APRENDER
É 1, É 2, É 3 E JÁ.
[...]

BARBATUQUES TUMPÁ, DE JOÃO SIMÃO. MCD, 2012. (CD).

Biry Sarkis/
Arquivo da editora

- CONTORNE OS PERSONAGENS QUE ESTÃO USANDO A MESMA PARTE DO CORPO PARA FAZER SONS.

VAMOS CRIAR?

INSTRUMENTOS MUSICAIS

MUITOS MATERIAIS PODEM SER USADOS PARA EMITIR SONS.
VAMOS CRIAR INSTRUMENTOS MUSICAIS E EXPLORAR ESSAS POSSIBILIDADES?

Fernando Favoretto/Criar Imagem

Gelpi/Shutterstock

BRINCAR COM AS MÃOS E AS CORES

• ACOMPANHE A LEITURA FEITA PELO PROFESSOR.

CORINA MENINA BRINCAVA COM COR. COM TINTA, COM LAMA, COM FOLHA, COM FLOR.

QUER DIZER, GOSTAVA DE SENTAR NA TERRA, MISTURAR COM ÁGUA, FAZER PAPINHA DE TUDO O QUE ENCONTRASSE, PINTAR COM OS DEDOS COMO SE FOSSE PINCEL.

[...]

AVENTAL QUE O VENTO LEVA, DE ANA MARIA MACHADO.
SÃO PAULO: ÁTICA, 2012. P. 2.

• PASSE TINTA NA PONTA DOS DEDOS. EM SEGUIDA, CARIMBE OS DEDOS NA PÁGINA E COMPLETE O DESENHO PARA FAZER MAIS BALÕES PARA RAFAEL.

NOSSO CORPO PRECISA DESCANSAR

- CANTE A CANÇÃO E, COM BOLINHAS, FAÇA MASSAGEM NO COLEGA.

PODE RELAXAR

PODE RELAXAR, DESCANSA
PODE DESCANSAR, RELAXA
PODE RELAXAR, DESCANSA
SEM FALAR...

FECHE OS OLHOS
NÃO PENSE EM NADA
PODE RELAXAR
DESCANSA
[...]

PODE ESPREGUIÇAR, ESPREGUIÇA!
PODE ESPREGUIÇAR, ESPREGUIÇA!
PODE ESPREGUIÇAR, ESTICA OS BRAÇOS!
E ESTICA O CORPO E ESPREGUIÇA!

CANTEIRO, DE MARGARETH DAREZZO. SÃO PAULO: INDEPENDENTE, 2015. (CD).

- AGORA, DESTAQUE AS CENAS DA **PÁGINA 9** E COLE-AS NA SEQUÊNCIA EM QUE ACONTECERAM.

MATERIAL DE APOIO

1

2

3

CORRE CUTIA

VAMOS BRINCAR DE CORRE CUTIA?

- OUÇA A PARLENDA QUE O PROFESSOR VAI RECITAR.

CORRE CUTIA

CORRE CUTIA
NA CASA DA TIA
CORRE CIPÓ
NA CASA DA AVÓ
LENCINHO NA MÃO
CAIU NO CHÃO
MOÇA BONITA
DO MEU CORAÇÃO
— POSSO JOGAR?
— PODE!
— NINGUÉM VAI OLHAR?
— NÃO!

PARLENDA POPULAR.

Biry Sarkis/Arquivo da editora

- OUÇA COM ATENÇÃO AS REGRAS DA BRINCADEIRA QUE O PROFESSOR VAI LER E DIVIRTA-SE COM OS COLEGAS.

ONDE EU MORO?

- VOCÊ JÁ OUVIU ESTA CANÇÃO? CANTE COM O PROFESSOR E OS COLEGAS.

A CASA

ERA UMA CASA
MUITO ENGRAÇADA
NÃO TINHA TETO
NÃO TINHA NADA
NINGUÉM PODIA
ENTRAR NELA, NÃO
PORQUE NA CASA
NÃO TINHA CHÃO
NINGUÉM PODIA
DORMIR NA REDE
PORQUE NA CASA
NÃO TINHA PAREDE
NINGUÉM PODIA
FAZER PIPI
PORQUE PENICO
NÃO TINHA ALI
MAS ERA FEITA
COM MUITO ESMERO
NA RUA DOS BOBOS
NÚMERO ZERO.

A ARCA DE NOÉ, DE VINICIUS DE MORAES. UNIVERSAL, 1996. (CD).

- CONTE AOS COLEGAS COMO É SUA CASA.

- DESTAQUE AS PEÇAS DA **PÁGINA 11** E MONTE A CASA.

MATERIAL DE APOIO

QUAL É A CASA?

BIA VAI ATÉ UMA CASA COMO ESTA:

• PINTE O CAMINHO QUE LEVA BIA ATÉ A CASA CORRETA.

Biry Sarkis/Arquivo da editora

UM LINDO JARDIM

- COMPLETE A CENA CRIANDO MAIS ALGUMAS FLORES E COLORINDO AS BORBOLETAS.

Biry Sarkis/
Arquivo da editora

O QUE TEM EM UMA CASA?

- OUÇA COM ATENÇÃO A LEITURA QUE O PROFESSOR VAI FAZER DA PARLENDA. DEPOIS, DESENHE UMA CASINHA BEM COLORIDA!

JANELA, JANELINHA

JANELA, JANELINHA
PORTA, CAMPAINHA
PIRRIM, PIRRIM, PIRRIM
PIRRIM, PIRRIM, PIRRIM
JANELA, JANELINHA
PORTA, CAMPAINHA
PIRRIM, PIRRIM, PIRRIM.

PARLENDA POPULAR.

DENTRO DA CASA TEM...

MATERIAL DE APOIO

- ACOMPANHE A LEITURA FEITA PELO PROFESSOR.

DENTRO DA CASA TEM...

DENTRO DA CASA TEM...
... UMA SALA.
DENTRO DA SALA TEM...
... UM ARMÁRIO.
DENTRO DO ARMÁRIO TEM...
... UM CESTO.
DENTRO DO CESTO TEM...
... UMA CAIXA VERMELHA.
[...]

DENTRO DA CASA TEM..., DE MÁRCIA ALEVI. SÃO PAULO: SCIPIONE, 2002. P. 3-9. (COLEÇÃO DÓ-RÉ-MI-FÁ).

1

Biry Sarkis/Arquivo da editora

2

3

4

5

6

- OUÇA A HISTÓRIA COMPLETA.
- EM SEGUIDA, DESTAQUE AS CENAS DA **PÁGINA 11** E COLE AS IMAGENS NA SEQUÊNCIA CORRETA.

CADA COISA EM SEU LUGAR

• VAMOS AJUDAR IVO A GUARDAR OS BRINQUEDOS? CONTORNE OS OBJETOS QUE IVO DEVE GUARDAR NO BAÚ DE BRINQUEDOS.

Biry Sarkis/Arquivo da editora

CRIANÇA NÃO TRABALHA

CRIANÇA NÃO TRABALHA
CRIANÇA DÁ TRABALHO
[...]

O LIVRO DE BRINCADEIRAS MUSICAIS DA PALAVRA CANTADA – VOLUME 5, DE SANDRA PEREZ & PAULO TATIT. SÃO PAULO: MELHORAMENTOS, 2010. P. 42.(COLEÇÃO BRINCADEIRAS MUSICAIS).

VOCÊ PODE ME AJUDAR?

- ACOMPANHE A LEITURA QUE O PROFESSOR VAI FAZER.

QUEM ME ACHA?

QUEM ME ACHA
QUEM ME ACHA
QUEM ME ACHA
QUEM ME ACHA
QUEM ME ACHA?
MEU PATINHO DE BORRACHA.

POEMAS SAPECAS, RIMAS TRAQUINAS, DE ALMIR CORREIA.
7. ED. SÃO PAULO: FORMATO, 2009. P. 21.

Biry Sarkis/Arquivo da editora

- AJUDE BIA A ENCONTRAR O BRINQUEDO QUE PROCURA. CONTORNE ESSE BRINQUEDO.

CONSTRUIR NOSSOS BRINQUEDOS

VOCÊ SABIA QUE É POSSÍVEL CONSTRUIR BRINQUEDOS? OBSERVE AS IMAGENS.

Fernando Favoretto/Criar Imagem

Fernando Favoretto/Criar Imagem

Rita Barreto/Acervo da fotógrafa

Fernando Favoretto/Criar Imagem

- ACOMPANHE A LEITURA QUE O PROFESSOR VAI FAZER.

PALCO DE BRINQUEDOS

[...]
BRINCANDO A GENTE INVENTA
CRIA, DESCOBRE, CONQUISTA
NUM PALCO DE BRINQUEDOS
TODA CRIANÇA É ARTISTA
[...]

PALCO DE BRINQUEDOS, DE MUNDO BITA. DISPONÍVEL EM: <WWW.YOUTUBE.COM/WATCH?V=M71YKFSKYJA>. ACESSO EM: 2 SET. 2019.

Fernando Favoretto/Criar Imagem

- AGORA CRIE UM BRINQUEDO COM SUCATA. DÊ UM NOME PARA ELE.

A GALINHA RUIVA

MATERIAL DE APOIO

- OUÇA A HISTÓRIA QUE O PROFESSOR VAI CONTAR.
- DEPOIS, DESTAQUE AS CENAS DA **PÁGINA 13** E COLE-AS NOS QUADROS PARA COMPLETAR A HISTÓRIA NA ORDEM EM QUE ACONTECERAM.

1

2

3

Ilustrações: Biry Sarkis/Arquivo da editora

4

5

6

NOSSO CORPO PRECISA DE BONS ALIMENTOS

- OUÇA ATENTAMENTE A LEITURA DA ADIVINHA.

QUEM SOU EU?
TENHO PALHA,
CABELOS E GRÃOS.
QUANDO ESTOU SECO,
NA PANELA QUENTE,
VIRO PIPOCA! PIPOCA! PIPOCA!

NOEMI BIANCHINI DANTE.

- DE QUE ALIMENTO FALA A CANÇÃO?
- PESQUISE OUTRAS COMIDAS QUE PODEMOS FAZER COM MILHO E MONTE UM PAINEL.

LEGUMES, VERDURAS, FRUTAS

- ACOMPANHE A LEITURA FEITA PELO PROFESSOR.

Biry Sarkis/ Arquivo da editora

VERDE QUE TE QUERO VERDE (*RAP* DOS LEGUMES)

O CHUCHU DÁ LÁ NA CERCA,
CENOURINHA LÁ NO CHÃO
VAI NASCENDO QUE NEM FLOR,
A ALFACE E O AGRIÃO
[...]

ALINE BARROS E CIA. DISPONÍVEL EM: <WWW.MKSHOPPING.COM.BR/ALINE-BARROS-E-CIA.HTML>. ACESSO EM: 11 SET. 2019.

- CONTORNE SOMENTE AS FRUTAS.

Valentina Razumova/ Shutterstock

JIANG HONGYAN/Shutterstock

Valentina Razumova/Shutterstock

Leo Fernandes/Shutterstock

Hirurg/Shutterstock

rprongjai/Shutterstock

monticello/Shutterstock

Alex Uralsky/Shutterstock

FRUTA NO PÉ

VOCÊ JÁ VIU UMA FRUTA NO PÉ?
VEJA ABAIXO A FOTO DE UMA JABUTICABEIRA CHEIA DE JABUTICABAS!

Daniel Cymbalista/Pulsar Imagens

- PINTE AS JABUTICABAS DA ÁRVORE AO LADO.

Biry Sarkis/Arquivo da editora

DIVERSÃO!

MATERIAL DE APOIO

- CANTE A CANÇÃO E DIVIRTA-SE!

DE ABÓBORA FAZ MELÃO

DE ABÓBORA FAZ MELÃO
DE MELÃO FAZ MELANCIA.
FAZ DOCE, SINHÁ, FAZ DOCE, SINHÁ
FAZ DOCE, SINHÁ MARIA.
QUEM QUISER APRENDER A DANÇAR
VAI NA CASA DO JUQUINHA
ELE PULA, ELE RODA,
ELE FAZ REQUEBRADINHA.

CANTIGA POPULAR.

Biry Sarkis/Arquivo da editora

- DESTAQUE AS IMAGENS DA **PÁGINA 13** E COLE AS CENAS NA SEQUÊNCIA DA CANTIGA.

1

2

3

CINDERELA

- OUÇA A HISTÓRIA QUE O PROFESSOR VAI CONTAR.
- COMPLETE A ILUSTRAÇÃO DA CARRUAGEM DA CINDERELA. DEPOIS, PINTE A CENA.

Biry Sarkis/Arquivo da editora

NOSSO CORPO PRECISA DE CUIDADOS

MATERIAL DE APOIO

- CANTE FAZENDO OS MOVIMENTOS DE LAVAR AS MÃOS.

LAVA A MÃO

LA LA LA LA LA LA LA
LAVA A MÃO
LAVA A MÃO.
[...]

GALINHA PINTADINHA, DE MARCOS LUPORINI.
SOM LIVRE, 2013. V. 3. (DVD).

- EM QUE SITUAÇÕES DEVEMOS LAVAR AS MÃOS?
- DESTAQUE AS PEÇAS DA **PÁGINA 15** E MONTE O QUEBRA-CABEÇA.

NÃO SE ESQUEÇA DE LAVAR AS MÃOS.

wongorright/Shutterstock

CUIDAR DOS DENTES

- CANTE A CANÇÃO COM O PROFESSOR.

ESCOVAR OS DENTES

[...] NHAC! NHAC! ESCOVO OS DENTES

NHAC! NHA! PRA TRÁS! PRA FRENTE! [...]

JACARELVIS E AMIGOS. VOL.1, 2014. (DVD). DISPONÍVEL EM: <WWW.JACARELVIS.COM.BR/DESENHO-INFANTIL/>. ACESSO EM: 10 DEZ. 2019.

Biry Sarkis/Arquivo da editora

- FAÇA ALGUNS TRAÇOS PARA REPRESENTAR OS MOVIMENTOS DA ESCOVAÇÃO DOS DENTES.

O QUE É, O QUE É?

- LIGUE AS ADIVINHAS ÀS RESPOSTAS CORRETAS.

ACIMA DA BOCA, ABAIXO DOS OLHOS, ESTÁ SEMPRE NA SUA FRENTE, MAS VOCÊ NÃO VÊ?

swissmacky/Shutterstock

TEM COROA, MAS NÃO É REI, TEM RAIZ, MAS NÃO É PLANTA?

GUNDAM_Ai/Shutterstock

BRINCAR DE CASINHA

MATERIAL DE APOIO

- VAMOS BRINCAR DE CASINHA? COMBINE AS REGRAS COM O PROFESSOR E BOA BRINCADEIRA!

DONA DE CASA

BRINCANDO, DE MANHÃ CEDO,
ELA IMITA SUA MÃEZINHA:
FAZ, NUM FOGÃO DE BRINQUEDO,
UM CAFÉ DE MENTIRINHA.

REMAR, RIMAR, DE TERESA NORONHA. SÃO PAULO: SCIPIONE, 2007. P. 5. (COLEÇÃO DÓ-RÉ-MI-FÁ).

- DESTAQUE AS IMAGENS DA **PÁGINA 17** E SEPARE OS ALIMENTOS DOS OBJETOS QUE USAMOS PARA FAZER NOSSAS REFEIÇÕES. DEPOIS, COLE AS IMAGENS NOS QUADROS ABAIXO.

ALIMENTOS	OBJETOS

HORA DO JOGO E DA BRINCADEIRA

A ROTINA DE GUI

MATERIAL DE APOIO

REGRAS

1. CONVIDE UM COLEGA PARA JOGAR COM VOCÊ.
2. DESTAQUE AS CARTAS DA **PÁGINA 17**.
3. VIRE AS CARTAS COM AS FIGURAS PARA BAIXO.
4. CADA PARTICIPANTE ESPERA A PRÓPRIA VEZ PARA ESCOLHER DUAS CARTAS E DESVIRÁ-LAS.
5. SE AS CENAS FOREM DIFERENTES, O PARTICIPANTE DEVERÁ DIZER O QUE GUI ESTÁ FAZENDO E VIRAR AS CARTAS, DEIXANDO-AS NO MESMO LUGAR.
6. SE AS CENAS FOREM IGUAIS, O PARTICIPANTE FICARÁ COM O PAR DE CARTAS.
7. QUANDO ACABAREM AS CARTAS DA MESA, VENCE O PARTICIPANTE QUE TIVER O MAIOR NÚMERO DE CARTAS.

Ilustrações: Bry Sarkis/Arquivo da editora

UNIDADE 3

TODOS NÓS E OS ANIMAIS

Biry Sarkis/Arquivo da editora

QUAIS SÃO OS ANIMAIS FAVORITOS DA TURMA?

QUEM SOU EU?

- ACOMPANHE A LEITURA FEITA PELO PROFESSOR.

DE MANHÃ A VIDA COMEÇA ASSIM:
TOMAMOS CAFÉ, BRINCAMOS UM POUCO,
E, COM ABRAÇOS E CARINHOS,
VOCÊ LOGO SE DESPEDE DE MIM.
QUEREM QUE EU CUIDE DA CASA
E FIQUE LATINDO NO JARDIM.
VOCÊ DIZ QUE EU SOU CORAJOSO,
ENTÃO RESPONDO QUE SIM...
[...]

POESIAS DO NILO, DE GILLES EDUAR. SÃO PAULO: COMPANHIA DAS LETRINHAS, 2009.

- SIGA AS ORIENTAÇÕES DO PROFESSOR PARA FAZER A DOBRADURA. DEPOIS, COLE A DOBRADURA AO LADO.

LINDA CACHORRINHA

- OUÇA COM ATENÇÃO A LEITURA QUE O PROFESSOR VAI FAZER DO POEMA.

POMPOM

MINHA CACHORRINHA
É PELUDA COMO POMPOM
USA LAÇOS E FITINHAS
SÓ FALTA USAR BATOM.

MANIA DE BICHO, DE NANA TOLEDO. BLUMENAU: VALE DAS LETRAS, 2009. (COLEÇÃO POEMINHAS ECOLÓGICOS).

Biry Sarkis/Arquivo da editora

- VOCÊ JÁ VIU UM POMPOM? E UM CACHORRINHO PELUDO? COMO ELES SÃO? CONVERSE COM OS COLEGAS.
- DESENHE LAÇOS E FITINHAS NA CACHORRINHA.

SUGESTÃO DE LIVRO

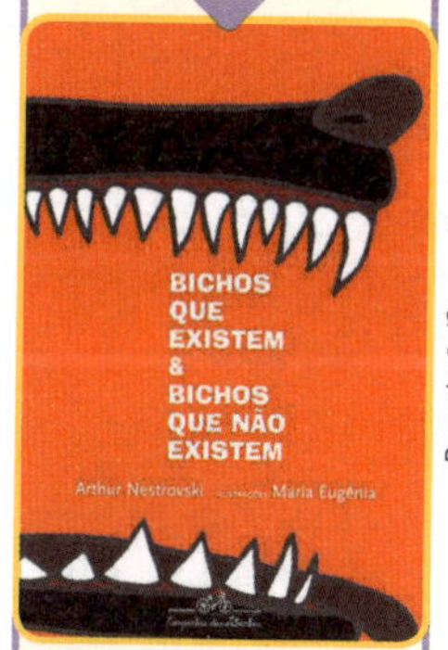

Reprodução/Companhia das Letrinhas

BICHOS QUE EXISTEM & BICHOS QUE NÃO EXISTEM, DE ARTHUR NESTROVSKI. SÃO PAULO: COMPANHIA DAS LETRINHAS, 2018.

O PULO DO GATO

- VAMOS CANTAR E NOS DIVERTIR?

O GATO
COM UM LINDO SALTO
LEVE E SEGURO
O GATO PASSA
DO CHÃO AO MURO
LOGO MUDANDO
DE OPINIÃO
PASSA DE NOVO
DO MURO AO CHÃO
[...]

A ARCA DE NOÉ, DE VINICIUS DE MORAES.
UNIVERSAL, 1980. (CD).

Biry Sarkis/Arquivo da editora

- TRACE O SALTO DO GATO DO CHÃO AO MURO. DEPOIS, DO MURO ATÉ O CHÃO.

VOA, PASSARINHO

• ATENÇÃO À LEITURA FEITA PELO PROFESSOR.

UM DIA EU DESENHEI UM PASSARINHO.
MAS DESCUIDEI, E ELE FUGIU DO NINHO.

É HORA DE JOGAR CONVERSA FORA, DE ELIAS JOSÉ. SÃO PAULO: PAULINAS, 2004. (COLEÇÃO LER BRINCANDO).

• TRACE O CAMINHO QUE O PASSARINHO FEZ AO FUGIR DO NINHO.

Biry Sarkis/Arquivo da editora

O BEIJA-FLOR

• ACOMPANHE A LEITURA QUE O PROFESSOR VAI FAZER DO POEMA.

AI FLOR

[...]
TEM FLOR NO MATO
FLOR NO JARDIM
TEM FLOR NO SAPATO
FLOR NO CAPIM.

TEM FLOR PERFUMADA
FLOR PRO MEU AMOR
TEM FLOR FECUNDADA
PELO BEIJA-FLOR.

DENTRO DA MATA, DE NANA TOLEDO.
BLUMENAU: VALE DAS LETRAS, 2009.
(COLEÇÃO POEMINHAS ECOLÓGICOS).

• DESENHE MAIS FLORES E DEIXE O JARDIM BEM COLORIDO!

LETRA **A**

- OBSERVE AS FOTOS. O QUE ESTES ANIMAIS USAM PARA VOAR?

Glass and Nature/Shutterstock

Vladimirkarp/Shutterstock

Nathapol Kongseang/Shutterstock

ASAS

- CUBRA A LETRA **A** E, DEPOIS, ESCREVA ESSA LETRA NO ESPAÇO EM BRANCO.

A A A __________

- ESCREVA A LETRA **A** PARA COMPLETAR A PALAVRA.

	S		S

QUEM É MAGA?

• OUÇA A LEITURA FEITA PELO PROFESSOR.

MAGA

MAGA É UMA GIRAFA
CHEIA DE CAPRICHOS
POR CIMA SE ACHA
ENTRE OS BICHOS.

DESFILA ELEGANTE
COM SEU CACHECOL
ARGOLAS GIGANTES
E ÓCULOS DE SOL.

MANIA DE BICHO, DE NANA TOLEDO. BLUMENAU: VALE DAS LETRAS, 2009. (COLEÇÃO POEMINHAS ECOLÓGICOS).

Biry Sarkis/ Arquivo da editora

• ESCREVA A LETRA **A** PARA COMPLETAR A PALAVRA.

M		G	

• PINTE OS OBJETOS QUE MAGA USA.

SEMPRE DE PIJAMA?

- OUÇA ATENTAMENTE A LEITURA FEITA PELO PROFESSOR.

VOCÊ SABE QUAL
O ANIMAL MAIS
PREGUIÇOSO
DO MUNDO?

É A ZEBRA,
ELA VIVE SEMPRE
DE PIJAMA!

TRAVA-LÍNGUAS, DE GIAN CALVI. SÃO PAULO: GLOBAL, 2011. P. 30. (COLEÇÃO CRIANÇAS CRIATIVAS).

Henk Bogaard/Shutterstock

- PINTE A ZEBRA.

Biry Sarkis/Arquivo da editora

DE VESTIDO NOVO

- DESTAQUE A FIGURA DA **PÁGINA 19**. COLE O VESTIDO NA ZEBRA E, DEPOIS, FAÇA BOLINHAS NELE.

MATERIAL DE APOIO

ZEBRINHA

COITADA DA ZEBRA!
É TÃO POBREZINHA,
SÓ TEM UMA ROUPA
A COITADINHA!
DORME DE PIJAMA,
PIJAMA DE LISTRINHA,
E PASSA DIAS INTEIROS
VESTIDA DE PIJAMINHA.
QUE TAL A GENTE SE JUNTAR
E FAZER UMA VAQUINHA
PRA COMPRAR PRA ZEBRINHA
VESTIDO DE BOLINHA?

COBRAS E LAGARTOS, DE WANIA AMARANTE.
SÃO PAULO: FTD, 2011. P. 49.

Biry Sarkis/Arquivo da editora

O QUE FALTA?

• ACOMPANHE A LEITURA QUE O PROFESSOR VAI FAZER DO POEMA.

NO ZOOLÓGICO

É PROIBIDO:
DAR PIPOCA À FOCA,
CACO AO MACACO,
GARRAFA À GIRAFA,
PÃO AO LEÃO,
DIÁRIO AO DROMEDÁRIO,
TURBANTE AO ELEFANTE
[...]

BICHO QUE TE QUERO LIVRE, DE ELIAS JOSÉ.
SÃO PAULO: MODERNA, 2002. (COLEÇÃO GIRASSOL).

• O QUE FALTA NO CORPO DE CADA ANIMAL? DESENHE.

Ilustrações: Biry Sarkis/Arquivo da editora

LETRA E

MATERIAL DE APOIO

- DESTAQUE AS FOTOGRAFIAS DA **PÁGINA 19**.
  DEPOIS, COLE CADA FOTOGRAFIA NA SOMBRA CORRESPONDENTE.

stockphoto mania/Shutterstock

Pentium5/Shutterstock

ylq/Shutterstock

- VOCÊ SABE O NOME DESSE ANIMAL? COM QUE LETRA COMEÇA O NOME DELE?
- CUBRA A LETRA **E**. DEPOIS, ESCREVA ESSA LETRA NO ESPAÇO EM BRANCO.

E E E ______

- ESCREVA A LETRA **E** PARA COMPLETAR A PALAVRA.

	L		F	A	N	T	

VAMOS CANTAR E IMITAR ANIMAIS?

- CANTE E DANCE COM O PROFESSOR O TRECHO DA CANÇÃO.

CIRANDA DOS BICHOS

A DANÇA DO JACARÉ, QUERO VER QUEM SABE DANÇAR.
A DANÇA DO JACARÉ, QUERO VER QUEM SABE DANÇAR.
REBOLA PARA LÁ, REBOLA PARA CÁ
E ABRE O BOCÃO ASSIM.
REMEXE O RABO E NADA NO LAGO
DEPOIS DÁ A MÃO PARA MIM.
[...]

PARA FICAR COM VOCÊ, DE PALAVRA CANTADA. MCD, 2013. (CD).

Ilustrações: Biry Sarkis/ Arquivo da editora

- COMPLETE O SALTO DO CANGURU.

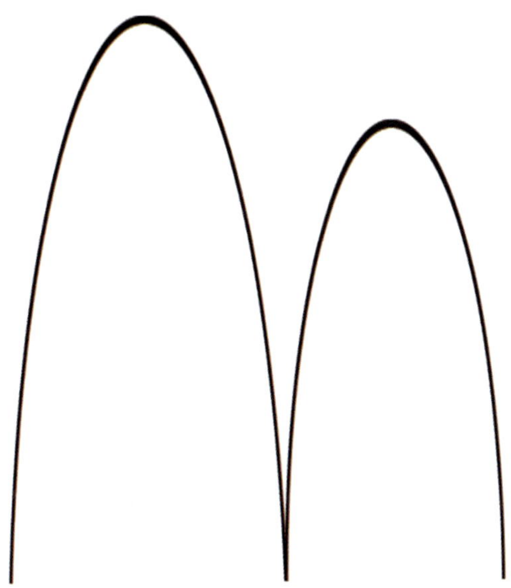

QUE BICHO ESQUISITO!

- ACOMPANHE COM O PROFESSOR A LEITURA DO TEXTO.

O SAPURU NÃO PARA DE PULAR.
O PROBLEMA É DESCOBRIR
QUAL É O BICHO QUE ELE COLOCOU
NO BOLSO E LEVOU PARA PASSEAR.

MISTURICHOS, DE BEATRIZ CARVALHO E RENATA BUENO.
SÃO PAULO: WMF MARTINS FONTES, 2012.

Biry Sarkis/Arquivo da editora

- VAMOS MISTURAR OS BICHOS PARA CRIAR OUTROS BICHOS?

ONDE MORAM?

- ACOMPANHE A LEITURA QUE O PROFESSOR VAI FAZER DO POEMA.

OLHO, NAMORO E ME AMARRO
EM CASA DE ABELHA E DE JOÃO-DE-BARRO.

EU SOU MAIS EU, DE ELIAS JOSÉ. SÃO PAULO: PAULINAS, 2006. (COLEÇÃO LER BRINCANDO).

- LIGUE CADA ANIMAL À CASA DELE.

anat chant/Shutterstock

Deplanque Joel/Shutterstock

Marcos Amend/Pulsar Imagens

Holidaycat/Shutterstock

LETRA I

- OLHE ESTA FRUTA E O PASSARINHO... O QUE UM TEM EM COMUM COM O OUTRO?

MVelishchuk/Shutterstock

Eric Isselee/Shutterstock

- CUBRA A LETRA **I**. DEPOIS, ESCREVA ESSA LETRA NO ESPAÇO EM BRANCO.

I I I __________

- ESCREVA A LETRA **I** PARA COMPLETAR A PALAVRA.

K		W	

LETRA I

• ONDE VIVEM ESTES ANIMAIS?

Pixabay/www.pixabay.com

SIRI

Agami Photo Agency/Shutterstock

PINGUIM

• CONTORNE CADA LETRA I QUE APARECE NAS PALAVRAS ACIMA.

NO JARDIM

- OUÇA A HISTÓRIA ATENTAMENTE.
- ENCONTRE E NOMEIE OS ANIMAIS NO JARDIM.
- COMPLETE O DESENHO COM O QUE MAIS CHAMOU SUA ATENÇÃO NA HISTÓRIA.

Biry Sarkis/Arquivo da editora

ACEITA O DESAFIO?

- OBSERVE AS DUAS CENAS E ENCONTRE TRÊS DIFERENÇAS. DEPOIS, CONTORNE ESSAS DIFERENÇAS.

Ilustrações: Biry Sarkis/Arquivo da editora

- ACOMPANHE A LEITURA DO POEMA.

BARRIGA CHEIA

OLHA LÁ
O TAMANDUÁ
TOMANDO AR!

SUA LÍNGUA COMPRIDA
ENTRA FEITO LOMBRIGA
NO FORMIGUEIRO
PARA COMER FORMIGA.

OLHA LÁ, OLHA LÁ!
QUEM DISSE QUE FORMIGA
NÃO ENCHE BARRIGA
DE TAMANDUÁ?

OLHA O BICHO, DE JOSÉ PAULO PAES.
SÃO PAULO: ÁTICA, 1989.

- O QUE O TAMANDUÁ COME? CONVERSE COM OS COLEGAS.

A CENTOPEIA

• OUÇA A LEITURA QUE O PROFESSOR VAI FAZER DO POEMA.

A CENTOPEIA

AURICLEIA, A CENTOPEIA,
SÓ CONTA MESMO ATÉ DEZ.
COMO PODE TER IDEIA
DE QUANTOS SÃO OS SEUS PÉS?

A CENTOPEIA, DE JOSÉ DE CASTRO.
IN: A MARRECA DE REBECA. RECIFE: BAGAÇO, 2014. P. 8.

Biry Sarkis/Arquivo da editora

• DESENHE MAIS ALGUNS PÉS NA CENTOPEIA.

QUE BOCÃO!

- ACOMPANHE A LEITURA QUE O PROFESSOR VAI FAZER DO TEXTO.

BICHO DE BOCÃO

QUE BICHO TEM BOCÃO?
QUE BICHO TEM BOCÃO?
O SAPO, O JACARÉ,
O HIPOPÓTAMO E O LEÃO!
[...]

PÉ DE SONHO. DISPONÍVEL EM: <WWW.YOUTUBE.COM/WATCH?V=GXHSYCDPTIY>. ACESSO EM: 13 SET. 2019.

- OBSERVE AS FOTOS E DEPOIS DESENHE OUTROS ANIMAIS QUE TÊM BOCÃO.

Brian Lasenby/Shutterstock
SAPO

Ra'id Khalil/Shutterstock
JACARÉ

Pascale Gueret/Shutterstock
HIPOPÓTAMO

Janelle Lugge/Shutterstock
LEÃO

SERÁ QUE VOCÊ ADIVINHA?

MATERIAL DE APOIO

- ACOMPANHE A LEITURA FEITA PELO PROFESSOR.

ELE VIVE NO MAR,
TEM A CABEÇA GRANDE,
O CORPO MOLE,
MUITAS PERNAS,
COMO A ARANHA.
QUEM É ELE?

NOEMI BIANCHINI DANTE.

Biry Sarkis/Arquivo da editora

- DESTAQUE AS PEÇAS DA **PÁGINA 21** E MONTE O QUEBRA-CABEÇA PARA DESCOBRIR A RESPOSTA.

- AGORA, PINTE A RESPOSTA.

ARANHA

POLVO

EU TAMBÉM VIVO NO MAR!

- OUÇA COM ATENÇÃO A LEITURA FEITA PELO PROFESSOR.

TARTARUGA E O LOBO

[...]
LEVO MINHA CASA COMIGO
QUE É FEITA DE CASCA DURA
PRA PROTEGER DO INIMIGO
[...]

TARTARUGA E O LOBO, DE PALAVRA CANTADA. (COMPOSIÇÃO DE SANDRA PERES E ZÉ TATIT). DISPONÍVEL EM: <WWW.YOUTUBE.COM/WATCH?V=E7L0ADONP78>. ACESSO EM: 17 SET. 2019.

- PINTE AS PARTES COM PONTINHOS E ENCONTRE O ANIMAL.

Biry Sarkis/Arquivo da editora

TARTARUGA

LETRA O

AVESTRUZ

O AVESTRUZ ENGOLE TUDO:
MOEDA, TAMPA, BOTÃO...
É UMA AVE QUE NÃO VOA,
MAS CORRE COMO UM ROJÃO!

DE AVESTRUZ A ZEBRA, DE MAITI FRANK CARRIL. SÃO PAULO: ÁTICA, 2009. P. 2.

Steve Byland/ Shutterstock

sruilkShutterstock

Axel Alvarez/ Shutterstock

Damsea/ Shutterstock

- OBSERVE OS OVOS DAS AVES. ELES SÃO IGUAIS?
- CUBRA A LETRA **O** E, DEPOIS, ESCREVA ESSA LETRA NO ESPAÇO EM BRANCO.

O O O ______

- ESCREVA A LETRA **O** PARA COMPLETAR A PALAVRA.

	V	

LETRA **O**

- QUE BELOS FILHOTES! VOCÊ SABE DE ONDE ELES NASCEM?

BOTADOS NO NINHO,
CHOCADOS POR NOSSA MÃE,
DOS OVOS BRANQUINHOS,
NASCEMOS DE UMA SÓ VEZ,
EU E MEUS SEIS IRMÃOS PINTINHOS.

NOEMI BIANCHINI DANTE.

HikoPhotography/Shutterstock

FILHOTES

- CONTORNE A LETRA **O** QUE APARECE NA PALAVRA ACIMA.

VAMOS CANTAR?

A GALINHA

TODO OVO
QUE EU CHOCO
ME TOCO
DE NOVO
TODO OVO
É A CARA
É A CLARA
DO VOVÔ
[...]

OS SALTIMBANCOS, DE CHICO BUARQUE, LUIZ ENRIQUEZ BACALOV E SÉRGIO BARDOTTI. UNIVERSAL, 1977. (CD).

- DESENHE MUITOS OVOS DE DIFERENTES TAMANHOS.

O PATO

- ACOMPANHE A LEITURA QUE O PROFESSOR VAI FAZER DO POEMA.

O PATO GANHOU SAPATO,
FOI LOGO TIRAR RETRATO.
[...]

PÉ DE PILÃO, DE MÁRIO QUINTANA. SÃO PAULO: ÁTICA, 2010. (COLEÇÃO POESIA PARA CRIANÇAS).

- SIGA A ORDEM DOS NÚMEROS E COMPLETE O DESENHO.

Biry Sarkis/Arquivo da editora

- AGORA, DESENHE UM SAPATO PARA O PATO.

OS BICHOS DORMEM?

- OUÇA A CANÇÃO QUE O PROFESSOR VAI CANTAR.

O SONO DOS BICHOS

TEM BICHO QUE DORME EM PÉ
TEM BICHO QUE DORME DEITADO
TEM BICHO QUE DORME ATÉ...
DORME ATÉ SENTADO
[...]

ADIVINHA O QUE É, DE MBP4. UNIVERSAL, 2014. (DVD).

- OBSERVE AS IMAGENS. QUE ANIMAIS SÃO ESSES? COMO ELES ESTÃO DORMINDO?

PVStudio/Shutterstock

COALA

Mette Sig/Shutterstock

MORCEGO

Roman Krochuk/Shutterstock

URSO

Nikos Vlasiadis/Shutterstock

FLAMINGO

- BRINQUE DE IMITAR OS MOVIMENTOS DOS ANIMAIS, COMO DEITAR, SENTAR, FICAR DE PÉ!

LETRA U

- O QUE A GALINHA, A CORUJA E O PATO TÊM NOS PÉS?

stockphoto mania/Shutterstock

Eric Isselee/Shutterstock

Aksenova Natalya/ Shutterstock

- CUBRA A LETRA **U** E, DEPOIS, ESCREVA ESSA LETRA NO ESPAÇO EM BRANCO.

- ESCREVA A LETRA **U** PARA COMPLETAR A PALAVRA.

	N	H	A	S

UM TANTO PERDIDA

MATERIAL DE APOIO

- OUÇA A HISTÓRIA COM ATENÇÃO.
- DEPOIS, DESTAQUE AS CENAS DA **PÁGINA 23** E COLE CADA UMA NA SEQUÊNCIA QUE OCORREU.

1

Biry Sarkis/Arquivo da editora

2

3

4

5

UNIDADE 4

TODOS NÓS E A ESCOLA

Biry Sarkis/Arquivo da editora

EXISTEM MUITAS LETRAS, NÚMEROS E DESENHOS ESPALHADOS PELA ESCOLA. VAMOS ENCONTRAR ALGUNS DELES?

IR À ESCOLA DE MANHÃ OU À TARDE

• ACOMPANHE A LEITURA FEITA PELO PROFESSOR.

DIA DE IRINEU

ACORDA, ACORDA, ACORDA, IRINEU
ACORDA, ACORDA, ACORDA, IRINEU
A LUA DISSE ADEUS E A MANHÃ JÁ SE ESTENDEU
ACORDA, ACORDA, ACORDA, IRINEU.
BOM DIA, BOM DIA, BOM DIA, IRINEU
BOM DIA, BOM DIA, BOM DIA, IRINEU
O SOL PINGOU NO CÉU E O DIA LOGO ACONTECEU
BOM DIA, BOM DIA, BOM DIA, IRINEU.
[...]

A TURMA DO TIKUNTÁ, DE JANAÍNA RITA E LEONARDO LOIS. DECKDISC, 2014. (DVD).

Biry Sarkis/Arquivo da editora

• DESTAQUE AS CENAS DA **PÁGINA 25** E COLE NOS QUADRINHOS A SEQUÊNCIA DOS ACONTECIMENTOS DE SEU DIA.

MATERIAL DE APOIO

1

2

3

4

5

6

NA ESCOLA

- ACOMPANHE A LEITURA DO TEXTO FEITA PELO PROFESSOR.

É BOM TOMAR SORVETE.
É BOM TAMBÉM:
BRINCAR, BRINCAR MUITO
ESTUDAR E APRENDER MUITO BEM AS COISAS DE QUE A GENTE MAIS GOSTA
DAR RISADA, SOLTAR GARGALHADAS
RESPEITAR O GOSTO DE CADA UM [...]

O QUE FAZER?: FALANDO DE CONVIVÊNCIA, DE LILIANA IACOCCA E MICHELE IACOCCA. SÃO PAULO: ÁTICA, 2011.

- O QUE VOCÊ FAZ NA ESCOLA?
- PINTE AS CAMISETAS DA TURMA COM AS MESMAS CORES DA CAMISETA DO GUI E DO RAFAEL.

Biry Sarkis/ Arquivo da editora

FILA

MATERIAL DE APOIO

- ACOMPANHE A LEITURA DO POEMA FEITA PELO PROFESSOR.

UM POR UM...

PRA FICAR TUDO EM PAZ
É QUE INVENTARAM A FILA.
UM NA FRENTE, OUTRO ATRÁS.
E A VIDA SEGUE TRANQUILA.

AOS POUCOS, TUDO DÁ CERTO
E É MAU DAR UMA DE ESPERTO.
OUÇA BEM O QUE EU DIGO:
FURAR FILA É PERDER UM AMIGO.

CIDADANIA, DE EVELYN HEINE. SÃO PAULO: BRASILEITURA, SEM DATA. (POESIAS PARA CRIANÇAS).

- DESTAQUE AS IMAGENS DA **PÁGINA 27** E MONTE A FILA DA TURMA DO GUI.

LETRA **A**

ESTAS SÃO ALGUMAS COLEGAS DE ESCOLA DA TURMA DO GUI.

- OBSERVE O NOME DE CADA CRIANÇA. VOCÊ JÁ SABE LER ESSES NOMES?
- CONTORNE CADA LETRA **A** QUE APARECE NO NOME DAS CRIANÇAS.

BIA

Ilustrações: Biry Sarkis/ Arquivo da editora

CLARA

- DEPOIS, ESCREVA A LETRA **A**.

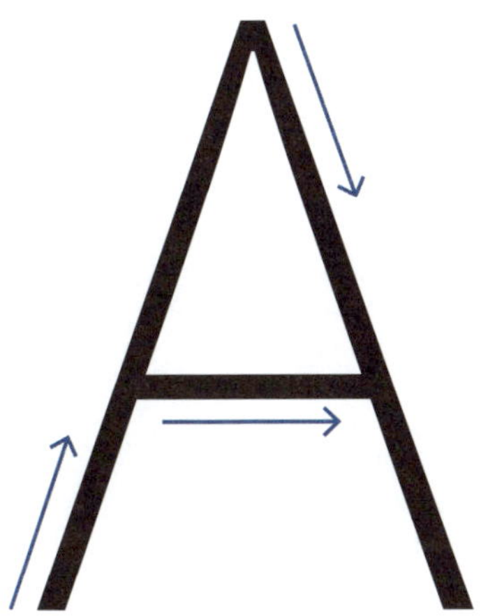

_______________ _______________

LETRA **E**

- OBSERVE O NOME DOS DOIS MENINOS.
- COM QUE LETRA TERMINA O NOME DE GUILHERME?
- COM QUE LETRA COMEÇA O NOME DE EDUARDO?
- CONTORNE CADA LETRA **E** QUE APARECE NOS DOIS NOMES.

GUILHERME

Ilustrações: Biry Sarkis/ Arquivo da editora

EDUARDO

- DEPOIS, ESCREVA A LETRA **E**.

E

LETRA I

GUILHERME TEM O APELIDO DE GUI.
ISABELA TAMBÉM TEM UM APELIDO: ISA.

- OBSERVE OS NOMES AO LADO.
- ONDE ESTÁ A LETRA I? CONTORNE CADA LETRA I QUE APARECE NOS NOMES.

GUI

Ilustrações: Biry Sarkis/ Arquivo da editora

ISA

- ESCREVA A LETRA I.

I

LETRA **O**

DEPOIS DA AULA, IVO GOSTA DE JOGAR BASQUETE COM SEU VIZINHO OTÁVIO.

- CONTORNE CADA LETRA **O** QUE APARECE NOS NOMES.

Ilustrações: Biry Sarkis/ Arquivo da editora

IVO

OTÁVIO

- ESCREVA A LETRA **O**.

O

LETRA **U**

NOS FINS DE SEMANA, CLARA PRATICA NATAÇÃO COM OS COLEGAS DO CLUBE.

- OBSERVE O NOME DELES.
- CONTORNE CADA LETRA **U** QUE APARECE NOS DOIS NOMES.

Biry Sarkis/Arquivo da editora

LUÍSA LUCAS

- ESCREVA A LETRA **U**.

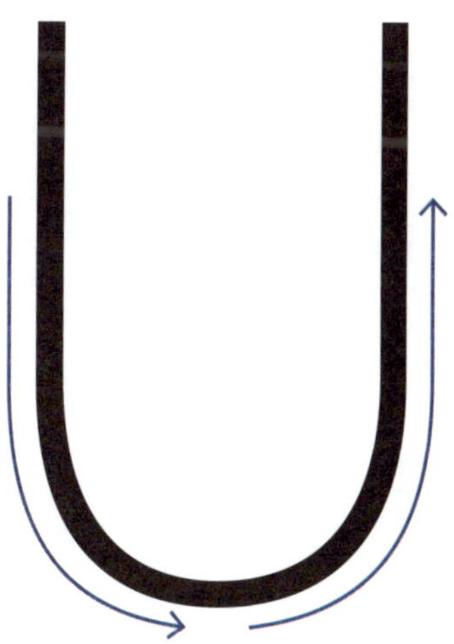

- QUAL É A SEGUNDA LETRA DOS NOMES LUÍSA E LUCAS?

LETRAS, NÚMEROS OU DESENHOS?

MATERIAL DE APOIO

VOCÊ JÁ CONHECE AS LETRAS?

- DESTAQUE AS FICHAS DA **PÁGINA 27**. DEPOIS, SIGA AS ORIENTAÇÕES DO PROFESSOR PARA BRINCAR COM OS COLEGAS.

Biry Sarkis/Arquivo da editora

QUEM SOU EU?

- ACOMPANHE A LEITURA DO TEXTO DE ADIVINHA FEITA PELO PROFESSOR.

EU POSSO
RABISCAR E PINTAR.
TENHO VÁRIAS CORES
PARA VOCÊ UTILIZAR.

ADIVINHAÇÕES COM OS LOONEY TUNES.
SÃO PAULO: RAI, SEM DATA.

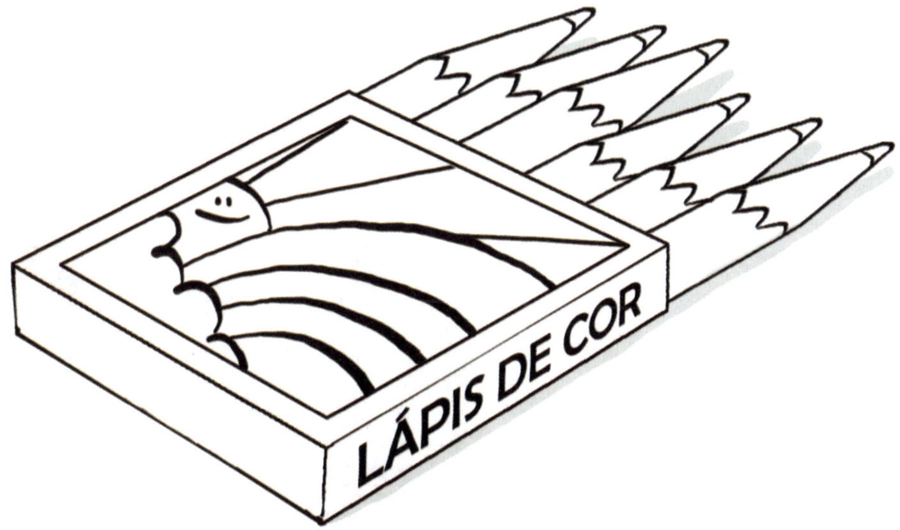

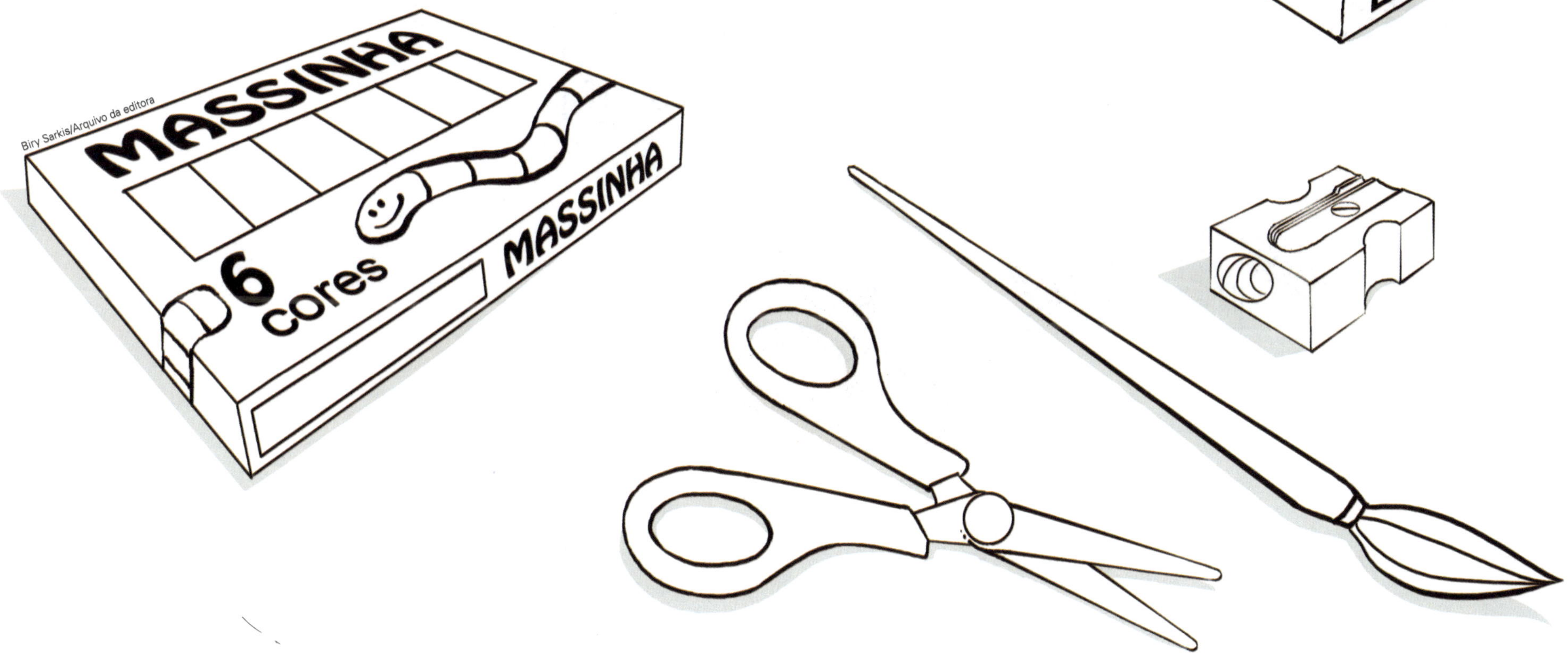

Biry Sarkis/Arquivo da editora

- CONTORNE A RESPOSTA DA ADIVINHA. DEPOIS, PINTE OS DESENHOS.

MINHA OBRA DE ARTE

- OBSERVE ESTA OBRA DE ARTE.

SEM TÍTULO (1973), DE ASGER JORN. AQUARELA, 50,5 cm × 71,7 cm.

O ARTISTA É VOCÊ.

- INSPIRE-SE NA OBRA DE ARTE DE ASGER JORN E CRIE A SUA.

NO RECREIO!

- ACOMPANHE A LEITURA QUE O PROFESSOR VAI FAZER.

A ESCOLA

[...]
QUANDO CHEGA
O RECREIO
TUDO VIRA
BRINCADEIRA.
COMO O BOLO,
TOMO O SUCO
QUE VÊM DENTRO
DA LANCHEIRA.
[...]

AMIGOS DO PEITO, DE CLÁUDIO THEBAS. BELO HORIZONTE: FORMATO, 1996. P. 8.

Biry Sarkis/ Arquivo da editora

- A TURMA DECIDIU BRINCAR DE ESCONDE-ESCONDE NO RECREIO. ENCONTRE GUI, RAFAEL, CLARA E BIA E CONTORNE CADA UM DELES.

QUEM COMEÇA?

- VAMOS BRINCAR? QUEM COMEÇA?

UNI DUNI TÊ
SALAMÊ, MINGUÊ
UM SORVETE COLORÊ
O ESCOLHIDO FOI VOCÊ!

PARLENDA POPULAR.

- DE QUAIS BRINCADEIRAS VOCÊ MAIS GOSTA? CONVERSE COM OS COLEGAS.
- ESCOLHAM UMA, BRINQUEM E REPRESENTEM COM UM DESENHO.

SUGESTÃO DE DVD

CANTIGAS DE RODA: CANÇÕES FOLCLÓRICAS DO BRASIL, DE PALAVRA CANTADA. MDC, 2015.

ATENÇÃO!

- ATENÇÃO AOS GESTOS DO PROFESSOR E BRINQUE COM OS COLEGAS.
- DESENHE MUITAS BOLINHAS COLORIDAS!

Biry Sarkis/Arquivo da editora

O REI DO SILÊNCIO

- ACOMPANHE A LEITURA DO PROFESSOR PARA APRENDER A BRINCADEIRA.

1. DECIDA QUEM SERÁ O REI DO SILÊNCIO. O JOGADOR ESCOLHIDO SENTA-SE NA CADEIRA.
2. COLOQUE O SINO DEBAIXO DA CADEIRA.
3. OS OUTROS JOGADORES FICAM NA LINHA DE PARTIDA, A ALGUNS PASSOS DE DISTÂNCIA DO REI.
4. CADA UM, NA SUA VEZ, DEVE SE APROXIMAR, EM SILÊNCIO, DA CADEIRA, PEGAR CUIDADOSAMENTE O SINO E VOLTAR À LINHA DE PARTIDA.
5. SE EM ALGUM MOMENTO O REI DO SILÊNCIO OUVIR QUALQUER RUÍDO, PODE PEDIR AO JOGADOR QUE VOLTE À LINHA DE PARTIDA E DEVOLVA O SINO.
6. O PRIMEIRO QUE CONSEGUIR LEVAR O SINO ATÉ A LINHA DE PARTIDA SEM FAZER RUÍDO SERÁ O PRÓXIMO REI DO SILÊNCIO.

Biry Sarkis/Arquivo da editora

JOGOS DE TODAS AS ESTAÇÕES: APROVEITE AS QUATRO ESTAÇÕES BRINCANDO COM OS PEQUENOS, DE ORIOL RIPOLL. SÃO PAULO: CIRANDA CULTURAL, 2002. P. 98.

- OUÇA A HISTÓRIA. DEPOIS, DESENHE A PARTE DE QUE MAIS GOSTOU.

CAIXA MÁGICA DE SURPRESA

UM LIVRO
É UMA BELEZA,
É CAIXA MÁGICA
SÓ DE SURPRESA.

UM LIVRO
PARECE MUDO,
MAS NELE A GENTE
DESCOBRE TUDO.
[...]

CAIXA MÁGICA DE SURPRESA, DE ELIAS JOSÉ. 19. ED.SÃO PAULO: PAULUS, 1997. (PONTO DE ENCONTRO).

Tanya Syrytsyna/Shutterstock

AGORA É SUA VEZ!

- CONVERSE COM O PROFESSOR E OS COLEGAS:

O QUE TEM DENTRO DO LIVRO?

Biry Sarkis/Arquivo da editora

- PINTE OS PERSONAGENS.
- AGORA, VAMOS CRIAR UMA HISTÓRIA?

QUAL É A HISTÓRIA?

- DESTAQUE AS IMAGENS DA **PÁGINA 29**. COLE-AS NAS CENAS PARA COMPLETAR CADA HISTÓRIA.

MATERIAL DE APOIO

Ilustrações: Biry Sarkis/Arquivo da editora

HOJE O ARTISTA É VOCÊ!

- VAMOS LEVAR UMA LINHA PARA CAMINHAR?

Reprodução/Coleção particular

ANJO ESQUECIDO (CERCA DE 1939), DE PAUL KLEE. DESENHO SOBRE TELA, 35 cm × 25 cm.

- FAÇA COMO PAUL KLEE: "LEVE UMA LINHA PARA CAMINHAR" E CRIE UM DESENHO.

VAMOS CONVERSAR?

MATERIAL DE APOIO

- DESTAQUE A IMAGEM DA **PÁGINA 31**. PINTE O CELULAR.
- SIGA AS ORIENTAÇÕES DO PROFESSOR PARA BRINCAR.
- ESCOLHA UMA DAS SITUAÇÕES A SEGUIR.

1. CONVERSE COM UM COLEGA COMO SE FOSSE BIA FALANDO COM CLARA OU RAFAEL FALANDO COM IVO.
2. CONVIDE UM AMIGO OU UMA AMIGA E CONVERSEM PARA COMBINAR UM PASSEIO. DEPOIS, GUARDE O TELEFONE PARA BRINCAR EM OUTRAS OPORTUNIDADES.

Ilustrações: Biry Sarkis/Arquivo da editora

MEUS AMIGOS

- ACOMPANHE A LEITURA DO TEXTO FEITA PELO PROFESSOR.

AMIGO E INIMIGO

AMIGO DA GENTE É JOIA, BACANA, LEGAL,

GENTE FINA, BONITO, O MÁXIMO!

[...]

UM JEITO BOM DE BRINCAR, DE ELIAS JOSÉ. SÃO PAULO: FTD, 2002. P. 7. (ARCA DE NOÉ).

Biry Sarkis/Arquivo da editora

- ESCREVA O NOME DE UM AMIGO OU DE UMA AMIGA.

____

DIA DO BRINQUEDO

HOJE É O DIA DO BRINQUEDO. TODOS OS ALUNOS PUDERAM LEVAR SEUS BRINQUEDOS PARA A ESCOLA.

O PROFESSOR VAI LER O QUE BIA E RAFAEL ESTÃO PENSANDO. VOCÊ DEVE DESCOBRIR QUAIS SÃO OS BRINQUEDOS DELES.

Ilustrações: Biry Sarkis/Arquivo da editora

- ENCONTRE OS BRINQUEDOS DE BIA E DE RAFAEL. DEPOIS, CONTORNE OS DOIS BRINQUEDOS.

HORA DE VOLTAR PARA CASA

- ACOMPANHE A LEITURA FEITA PELO PROFESSOR. DEPOIS, PINTE AS ILUSTRAÇÕES.

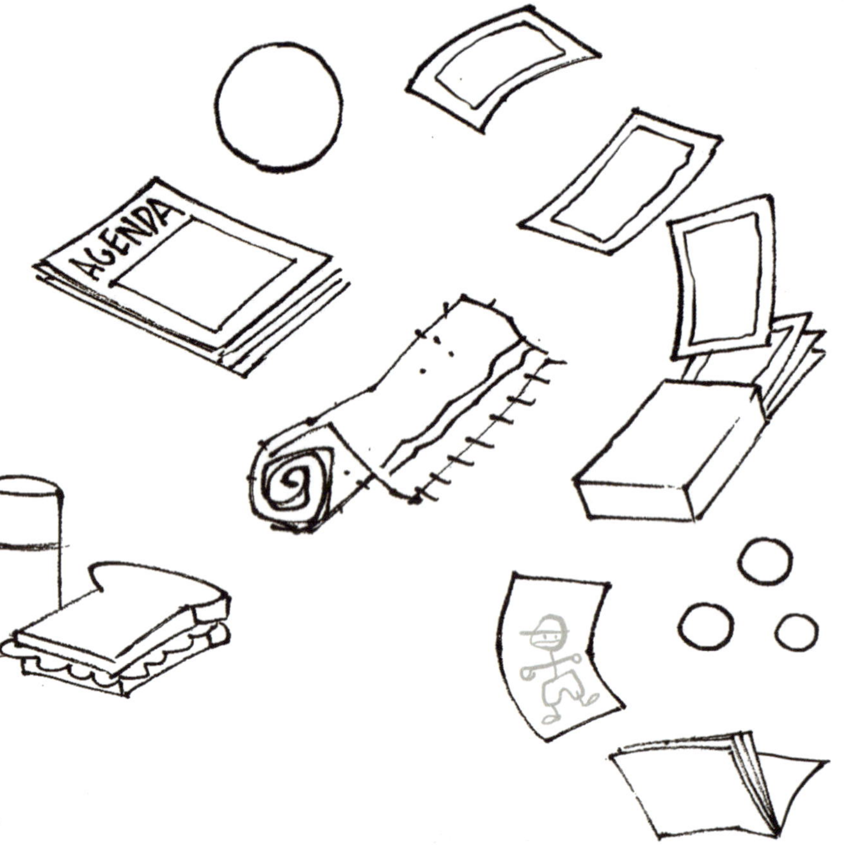

TEMPO DA MOCHILA

DENTRO DA MOCHILA A GENTE PÕE AS MINIATURAS...
AS BOLAS, OS ROBÔS.
A GENTE GUARDA OS JOGOS.
AS CARTAS, AS FICHAS.
A COLEÇÃO DE REVISTINHAS.
E DE FIGURINHAS.
A AGENDA, O DIÁRIO.
O LANCHE, OS SEGREDOS.
A TOALHA, OS DESENHOS.
O TEMPO DA MOCHILA É O TEMPO DO QUE A GENTE QUER LEVAR.
E GUARDAR.
NA MOCHILA CABE TUDO.
ATÉ O TEMPO.

POEMAS DO TEMPO, DE NINFA PARREIRAS. SÃO PAULO: PAULINAS, 2009. P. 15. (CAVALO MARINHO, SÉRIE RE-VERSO).

Biry Sarkis/Arquivo da editora

MATERIAL DE APOIO

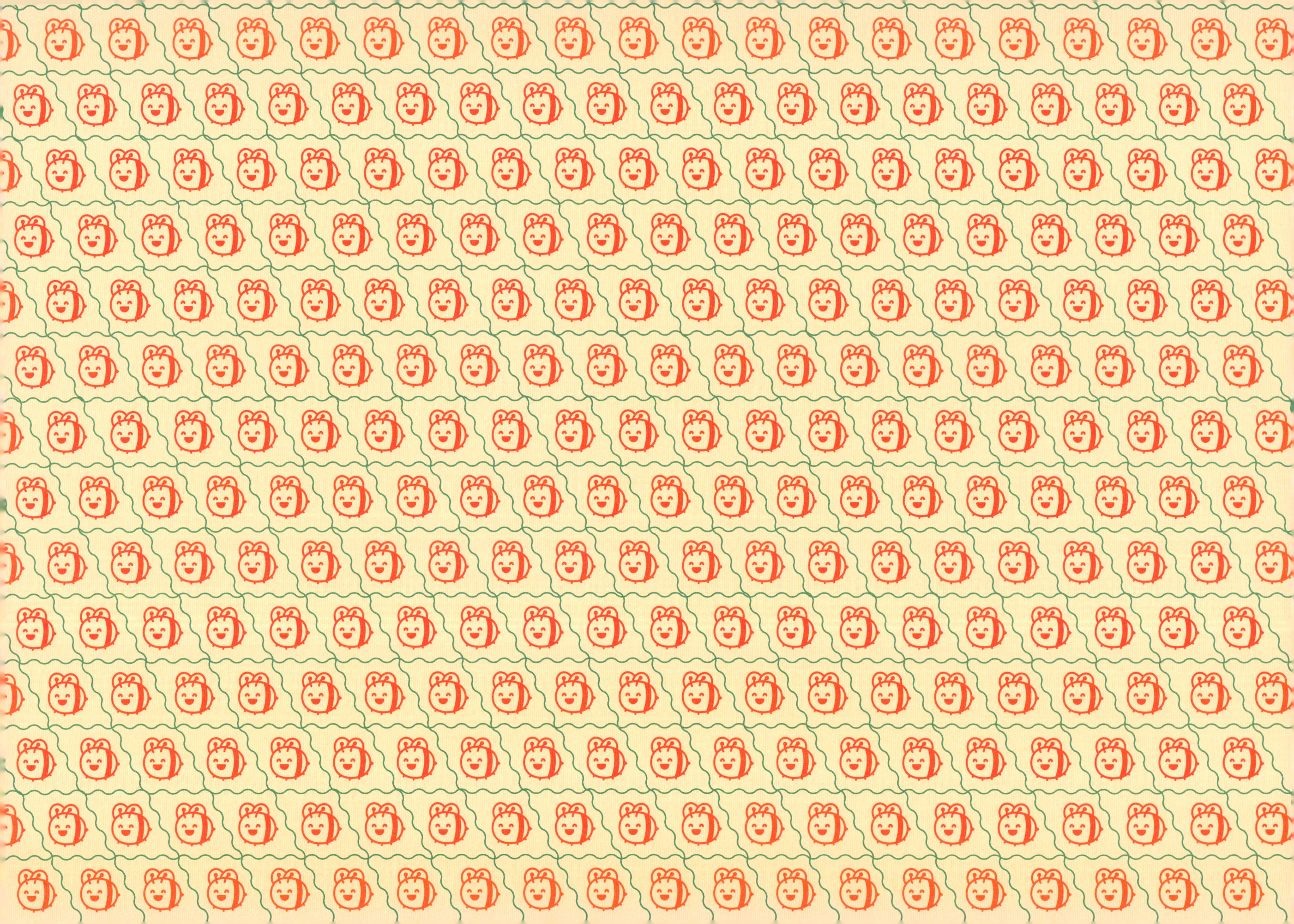

HORA DO JOGO E DA BRINCADEIRA – OS OBJETOS E O VENTO

CARTAS PARA A ATIVIDADE DA **PÁGINA 11** DO LIVRO.

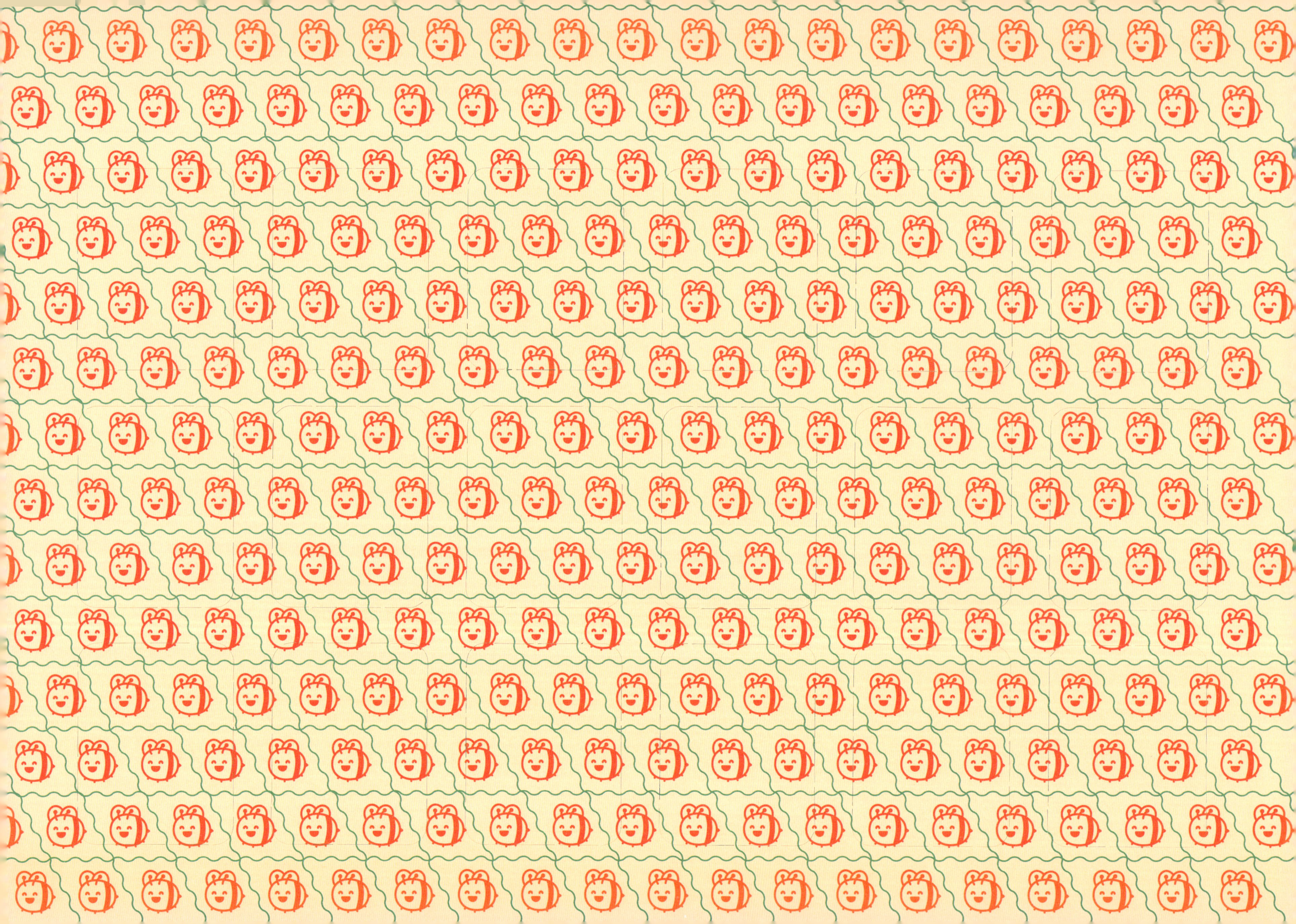

UM DIA DE CHUVA

CENAS PARA A ATIVIDADE DA **PÁGINA 12** DO LIVRO.

CHOVE PRA CHUCHU!

IMAGENS PARA A ATIVIDADE DA **PÁGINA 14** DO LIVRO.

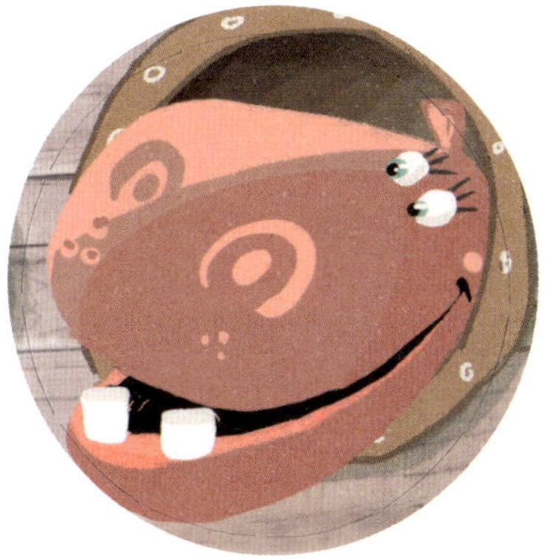

HORA DO JOGO E DA BRINCADEIRA – SOL OU CHUVA?

IMAGENS PARA A ATIVIDADE DA **PÁGINA 17** DO LIVRO.

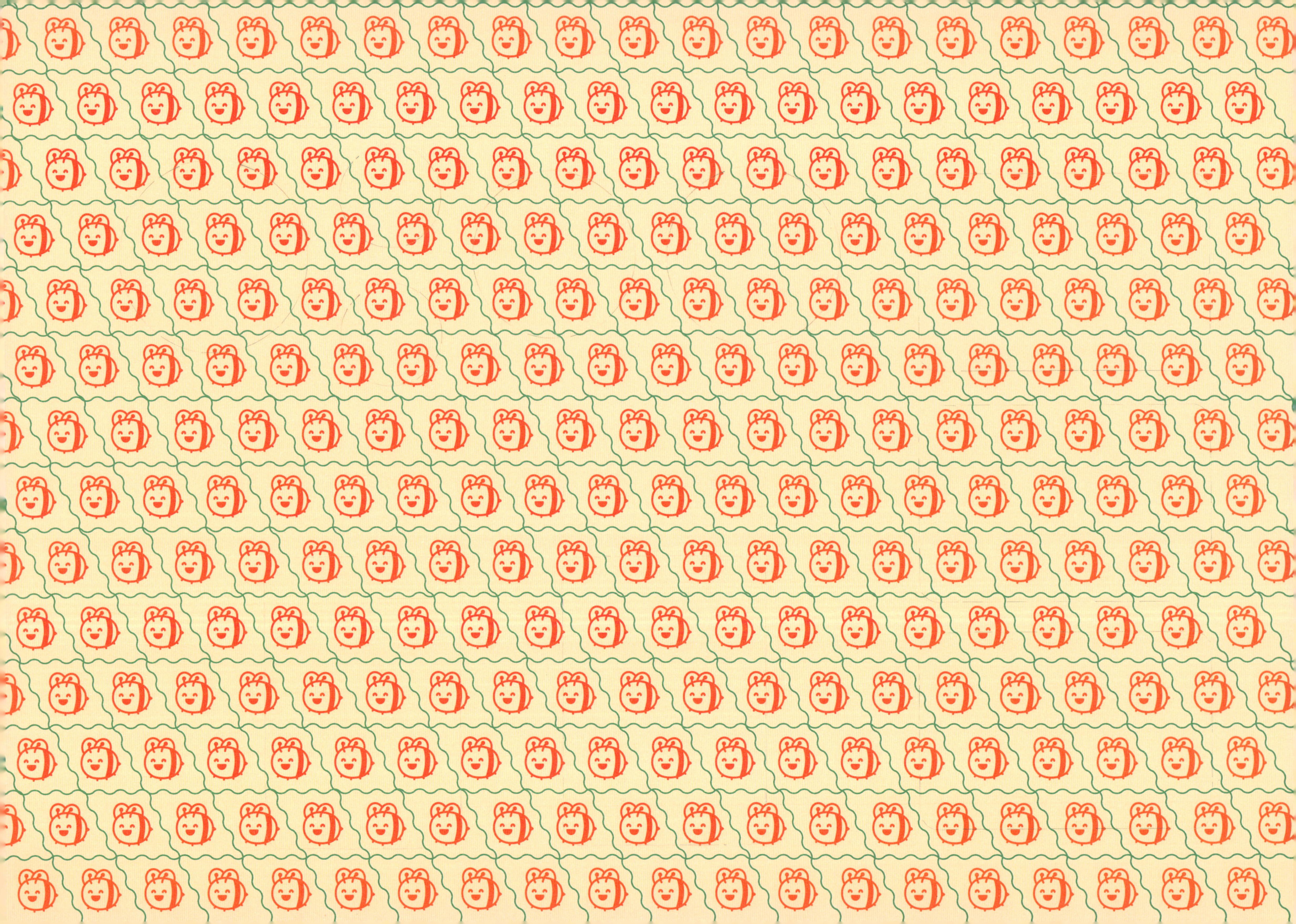

O PASSEIO DE GUI E BIA

IMAGENS PARA A ATIVIDADE DA **PÁGINA 20** DO LIVRO.

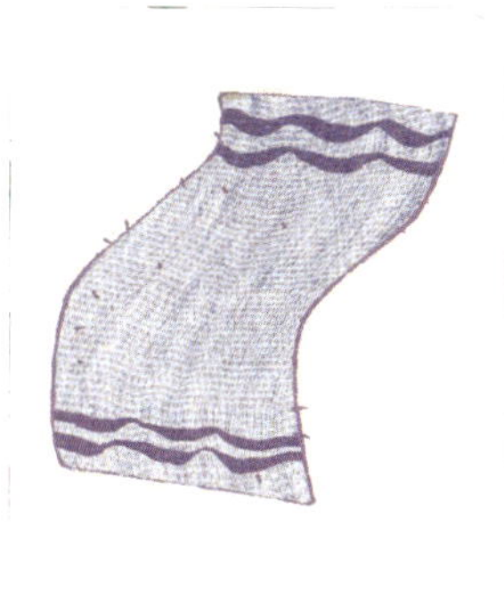

PINTINHO AMARELINHO

PEÇAS PARA A ATIVIDADE DA **PÁGINA 24** DO LIVRO.

1. DESTAQUE OS CÍRCULOS NA COR AMARELA, UM MAIOR PARA O CORPO, OUTRO MENOR PARA A ASA.

2. DOBRE OS DOIS AO MEIO E COLE UM SOBRE O OUTRO, COMO NO MODELO.

3. DESENHE OS DETALHES. AGORA, A AVEZINHA ESTÁ PRONTA!

4. PINTE OS OUTROS CÍRCULOS DA COR QUE PREFERIR, DESTAQUE-OS E MONTE-OS DA MESMA FORMA.

VAMOS ENCENAR A HISTÓRIA?

PERSONAGENS PARA A ATIVIDADE DA **PÁGINA 32** DO LIVRO.

NOSSO CORPO PRECISA DESCANSAR

CENAS PARA A ATIVIDADE DA **PÁGINA 44** DO LIVRO.

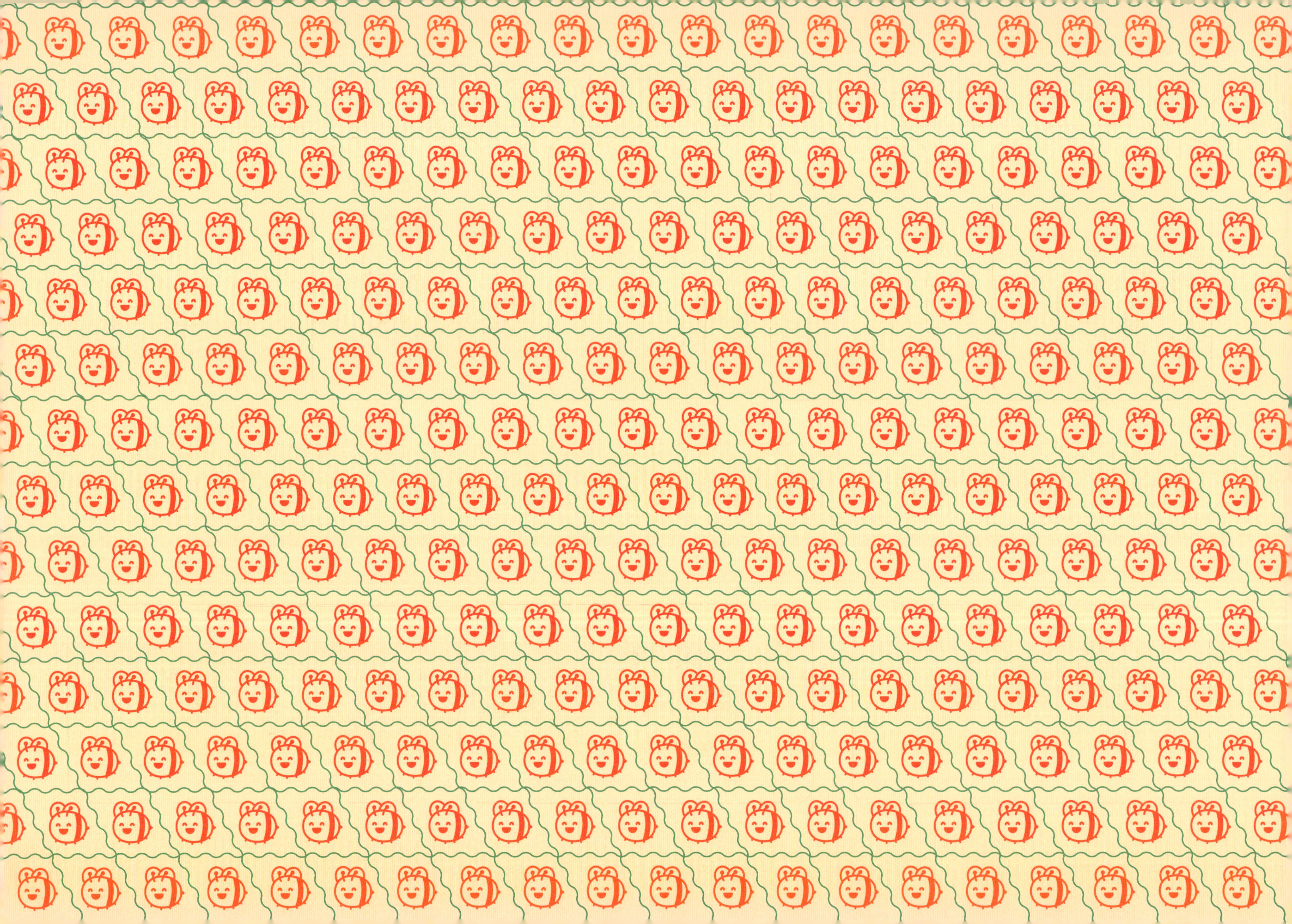

ONDE EU MORO?

PEÇAS PARA A ATIVIDADE DA **PÁGINA 46** DO LIVRO.

HORA DA HISTÓRIA – DENTRO DA CASA TEM...

CENAS PARA A ATIVIDADE DA **PÁGINA 50** DO LIVRO.

HORA DA HISTÓRIA – A GALINHA RUIVA

CENAS PARA A ATIVIDADE DA **PÁGINA 54** DO LIVRO.

DIVERSÃO! – DE ABÓBORA FAZ MELÃO

IMAGENS PARA A ATIVIDADE DA **PÁGINA 58** DO LIVRO.

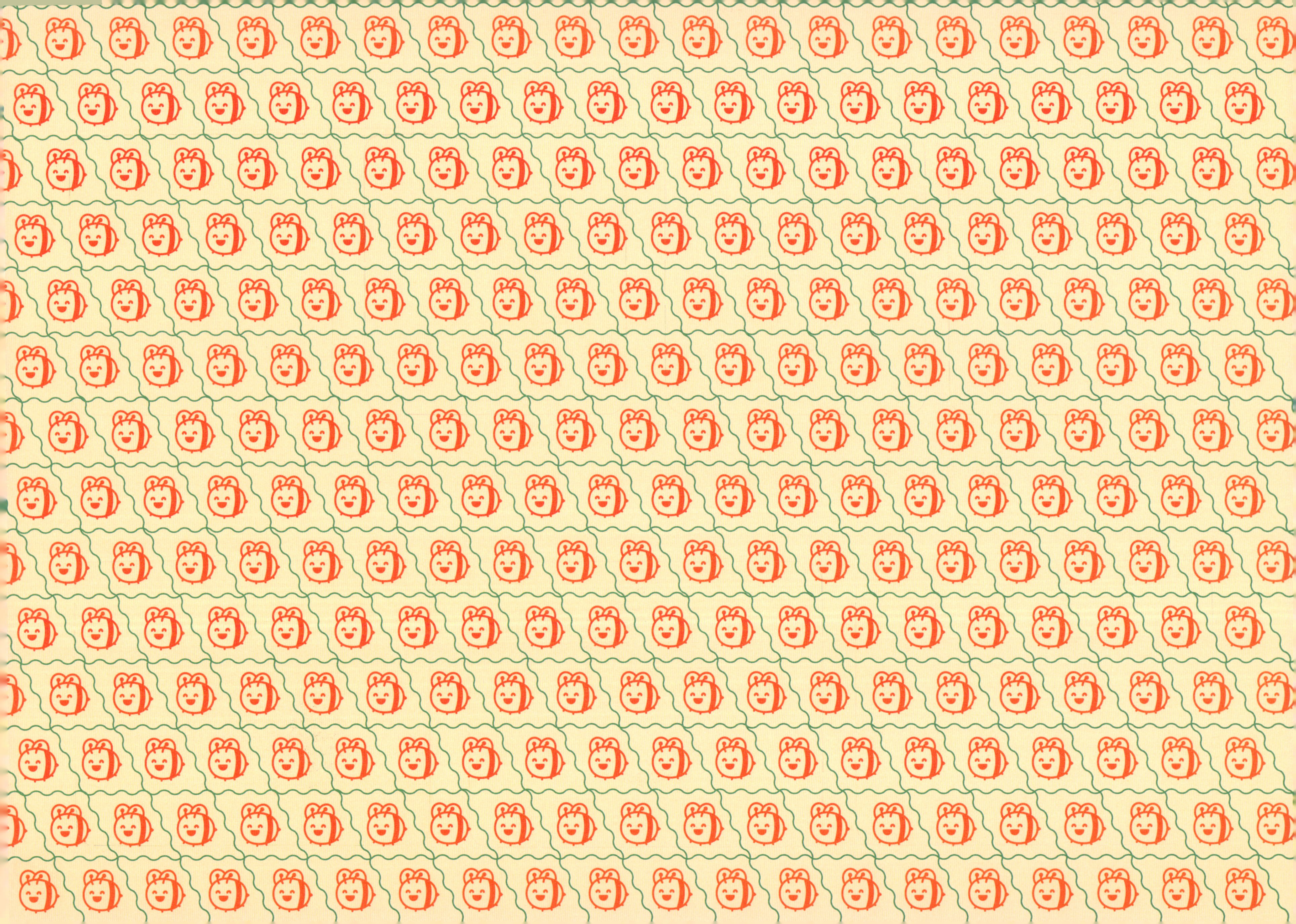

NOSSO CORPO PRECISA DE CUIDADOS

PEÇAS PARA A ATIVIDADE DA **PÁGINA 60** DO LIVRO.

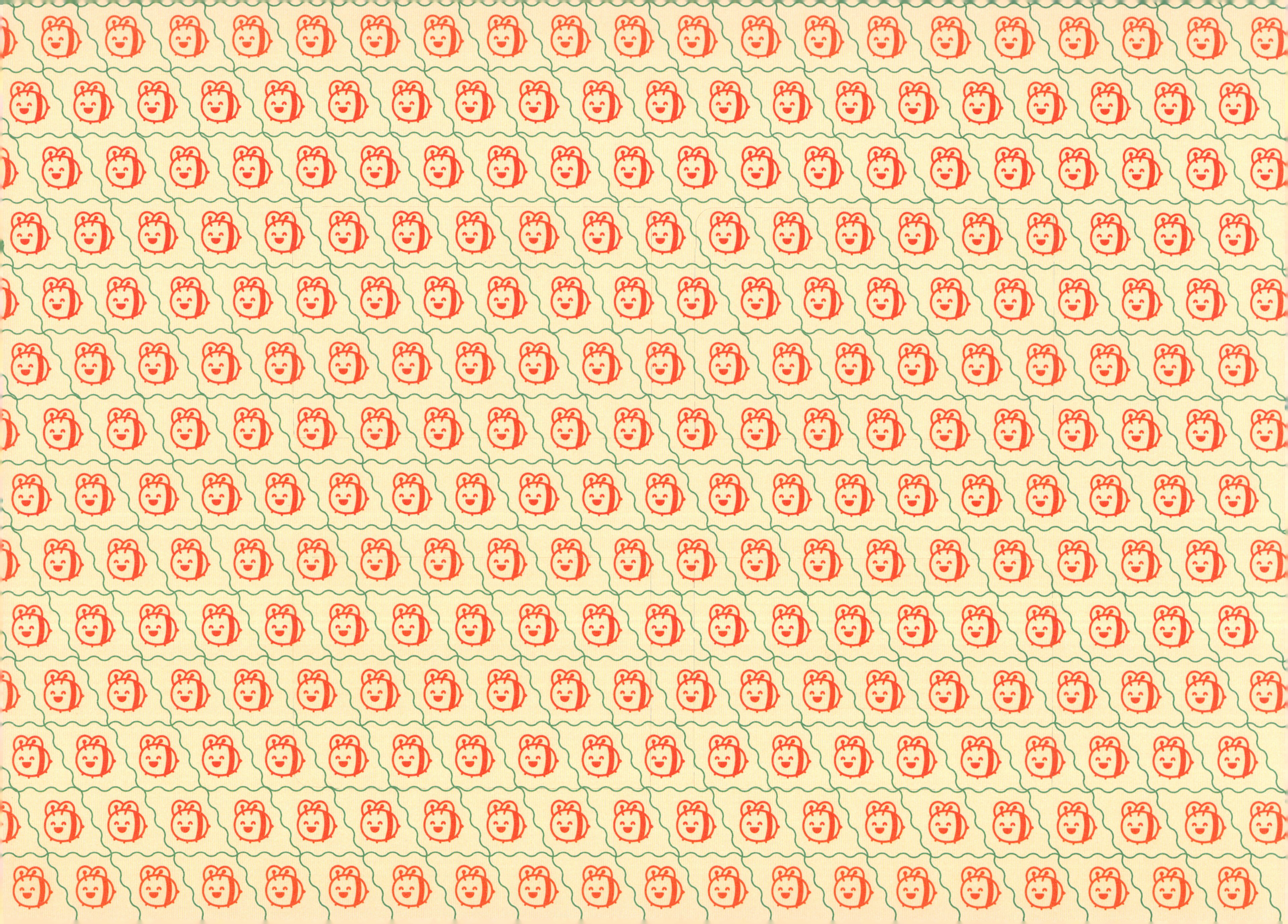

IMAGENS PARA A ATIVIDADE DA **PÁGINA 63** DO LIVRO.

HORA DO JOGO E DA BRINCADEIRA – A ROTINA DE GUI

CARTAS PARA A ATIVIDADE DA **PÁGINA 64** DO LIVRO.

DE VESTIDO NOVO

IMAGEM PARA A ATIVIDADE DA **PÁGINA 74** DO LIVRO.

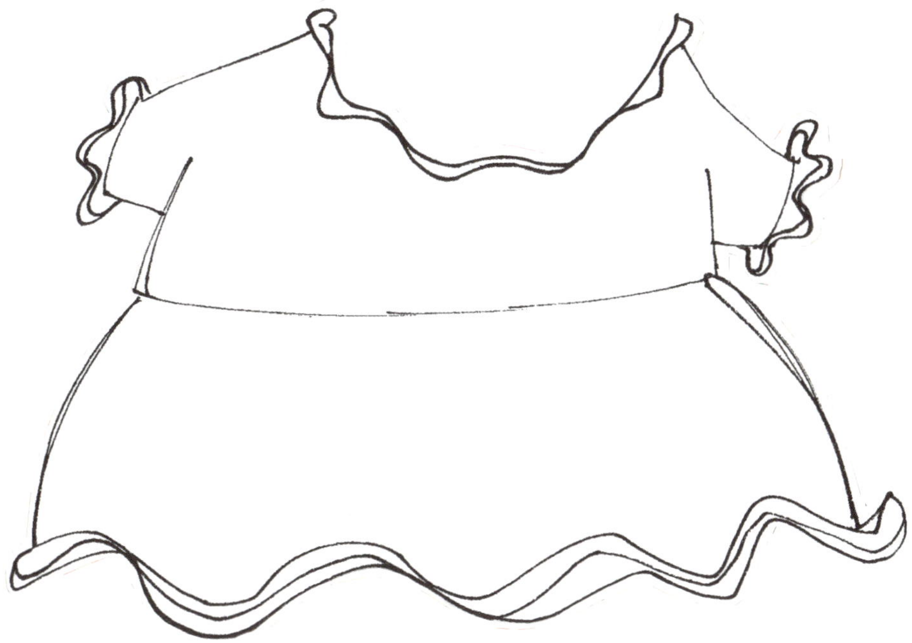

LER E ESCREVER – PRIMEIROS PASSOS – LETRA E

IMAGENS PARA A ATIVIDADE DA **PÁGINA 76** DO LIVRO.

PENTIUM5/SHUTTERSTOCK

YLO/SHUTTERSTOCK

STOCKPHOTO MANIA/SHUTTERSTOCK

SERÁ QUE VOCÊ ADIVINHA?

PEÇAS PARA A ATIVIDADE DA **PÁGINA 86** DO LIVRO.

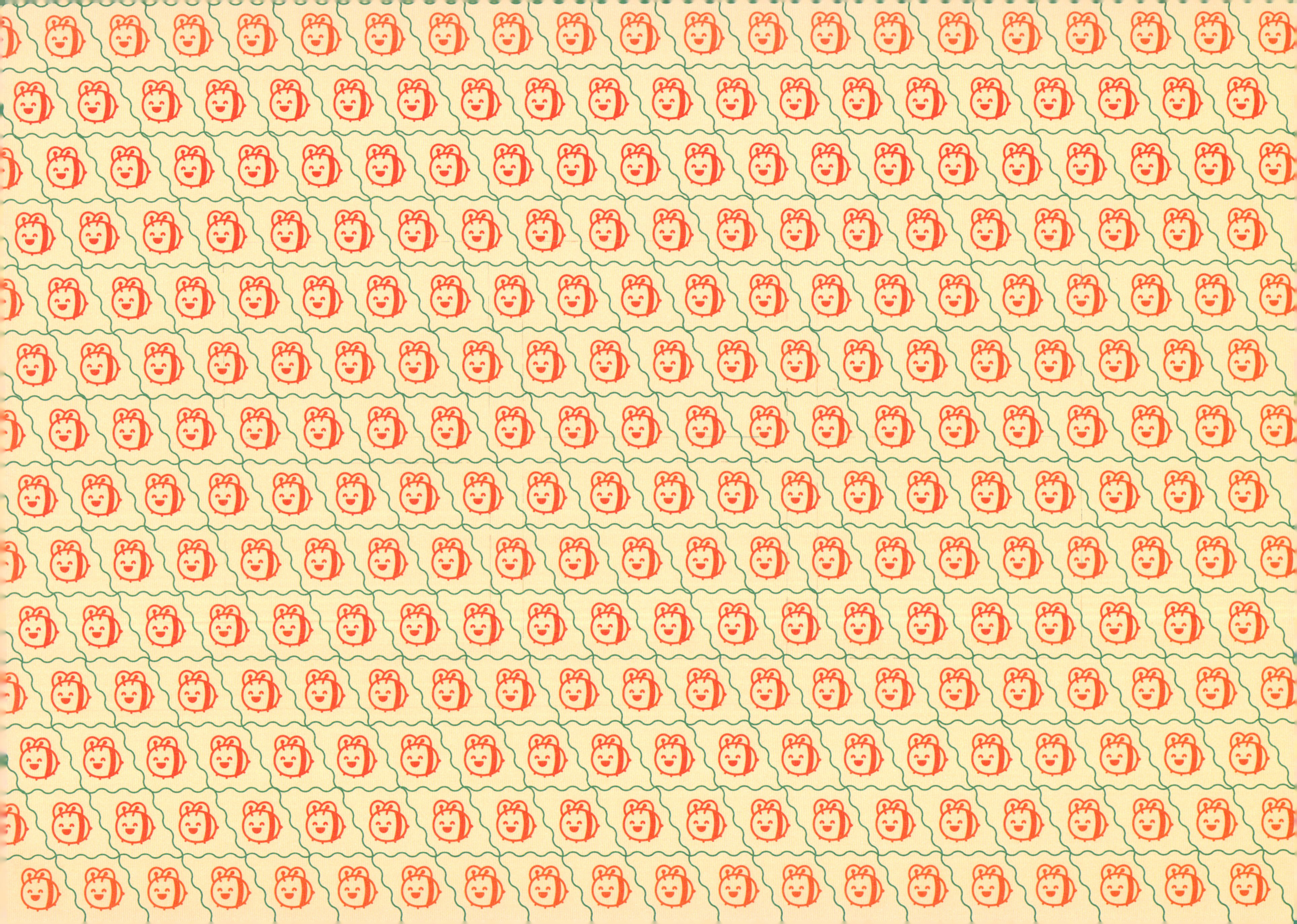

HORA DA HISTÓRIA – UM TANTO PERDIDA

CENAS PARA A ATIVIDADE DA **PÁGINA 94** DO LIVRO.

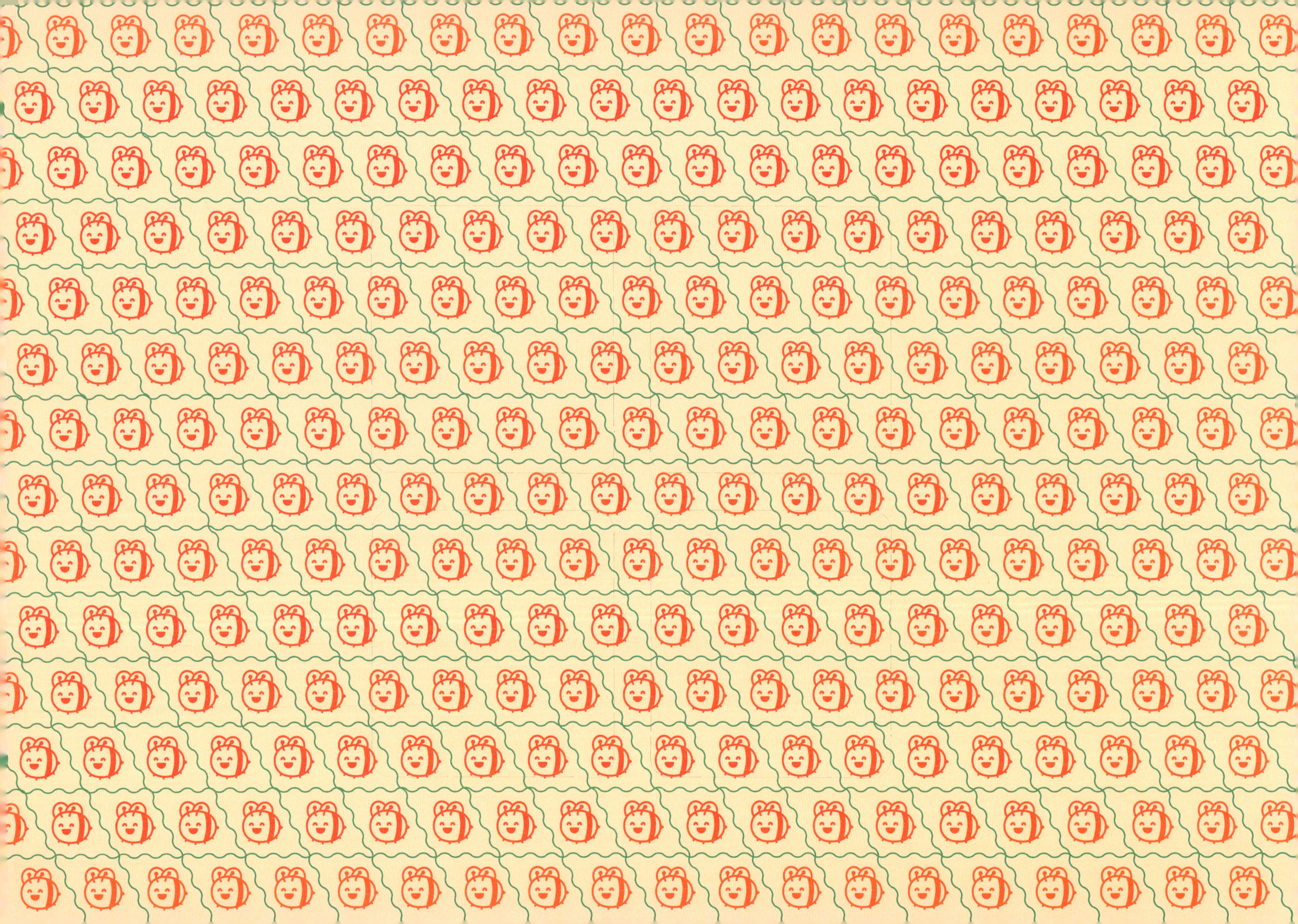

IR À ESCOLA DE MANHÃ OU À TARDE

IMAGENS PARA A ATIVIDADE DA **PÁGINA 96** DO LIVRO.

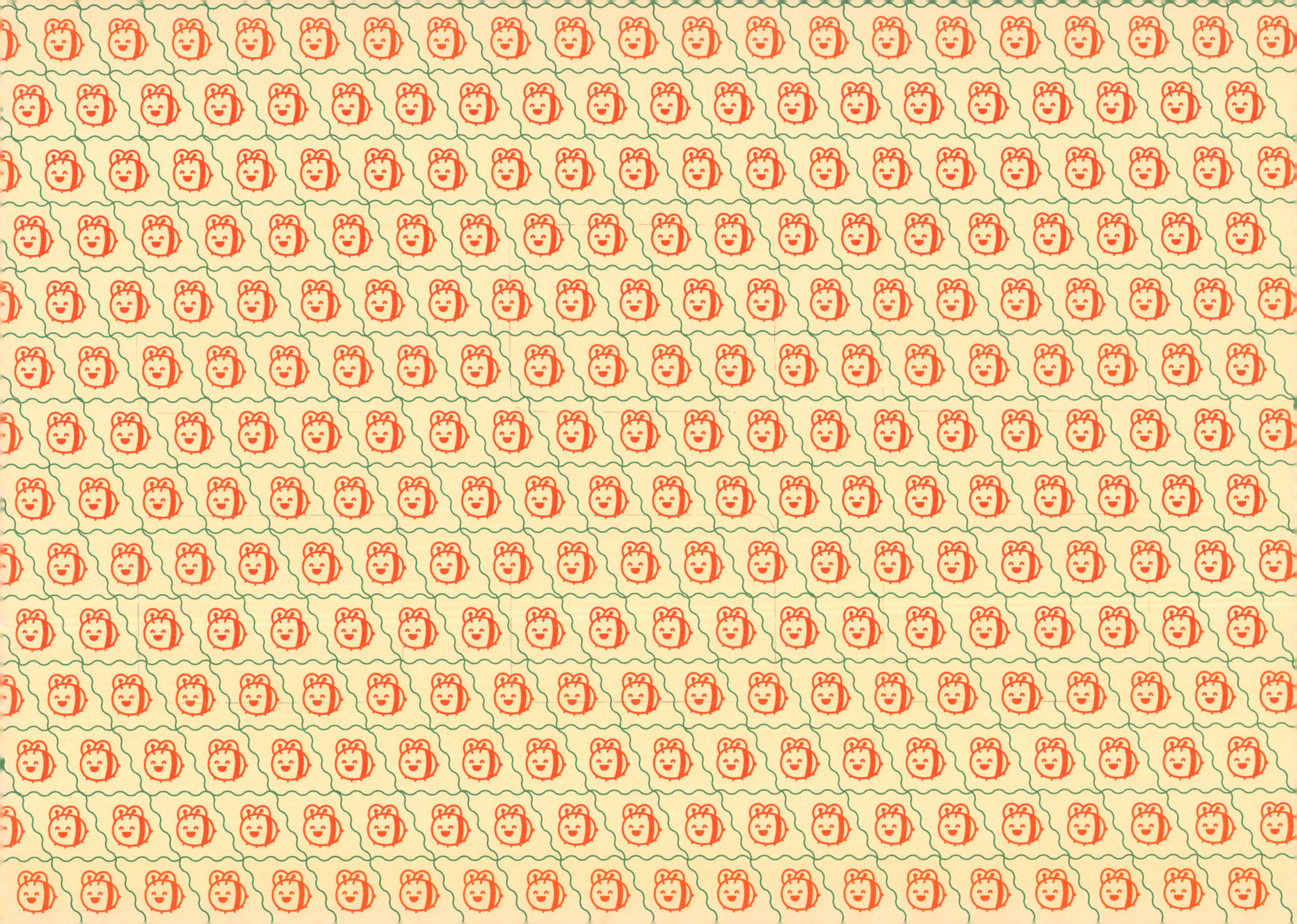

FILA

IMAGENS PARA A ATIVIDADE DA **PÁGINA 98** DO LIVRO.

HORA DO JOGO E DA BRINCADEIRA – LETRAS, NÚMEROS OU DESENHOS?

FICHAS PARA A ATIVIDADE DA **PÁGINA 104** DO LIVRO.

1	2	3	4	5
A	E	I	O	U

QUAL É A HISTÓRIA?

IMAGENS PARA A ATIVIDADE DA **PÁGINA 113** DO LIVRO.

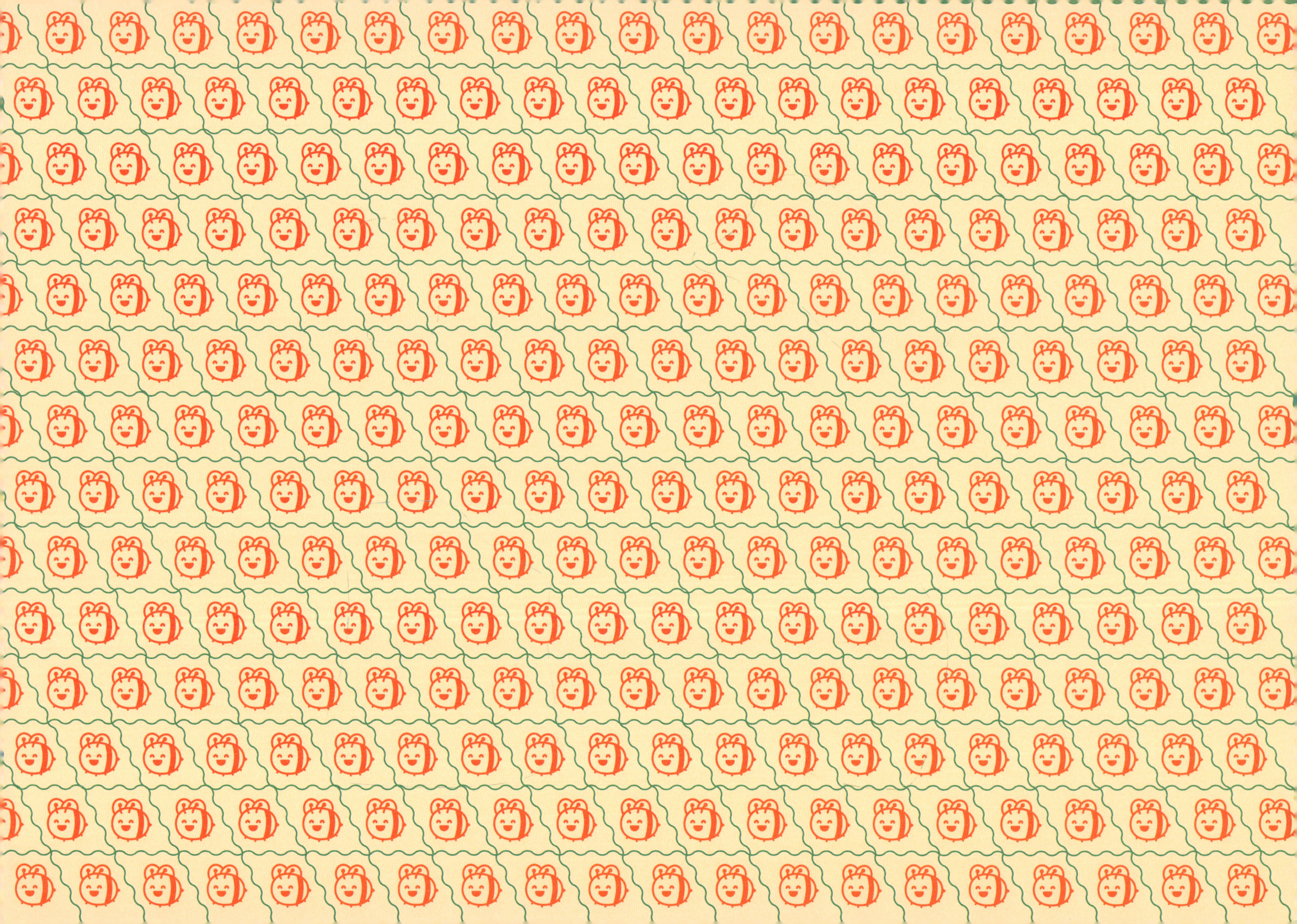

HORA DO JOGO E DA BRINCADEIRA – VAMOS CONVERSAR?

IMAGEM PARA A ATIVIDADE DA **PÁGINA 117** DO LIVRO.

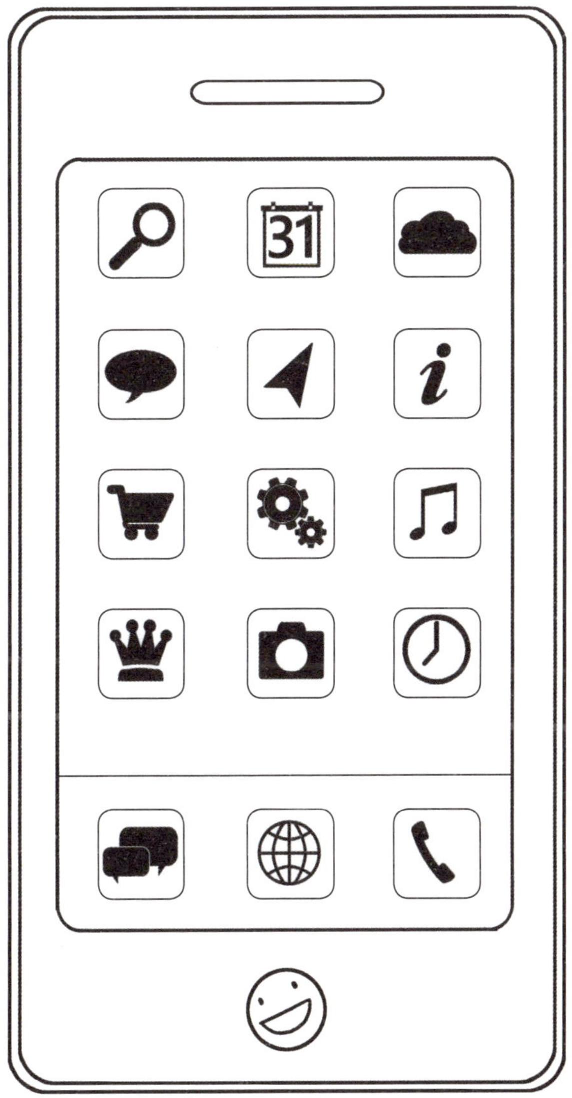

A

BIA

CLARA

E

GUILHERME

EDUARDO

I

GUI

ISA

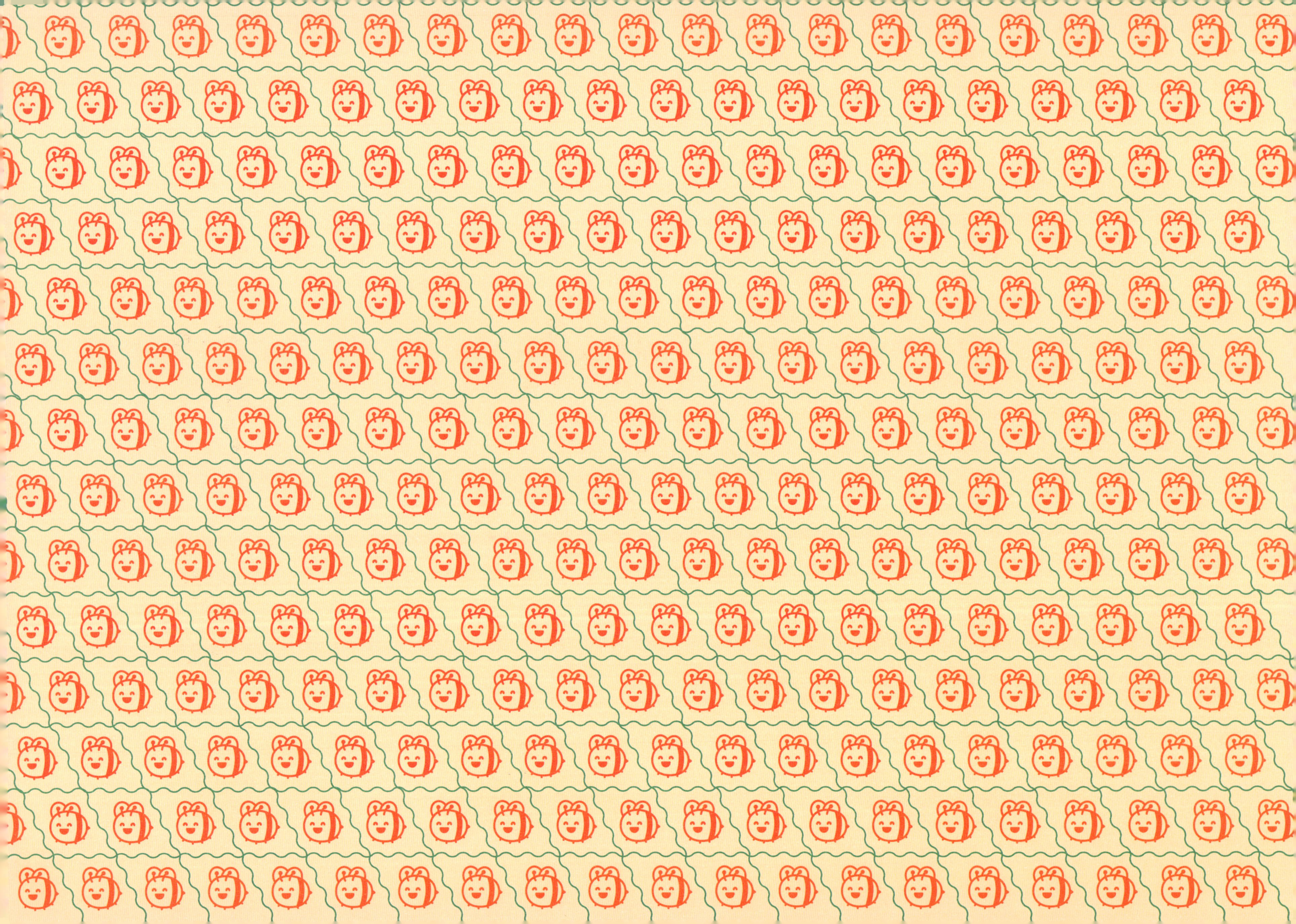

O

IVO

OTÁVIO

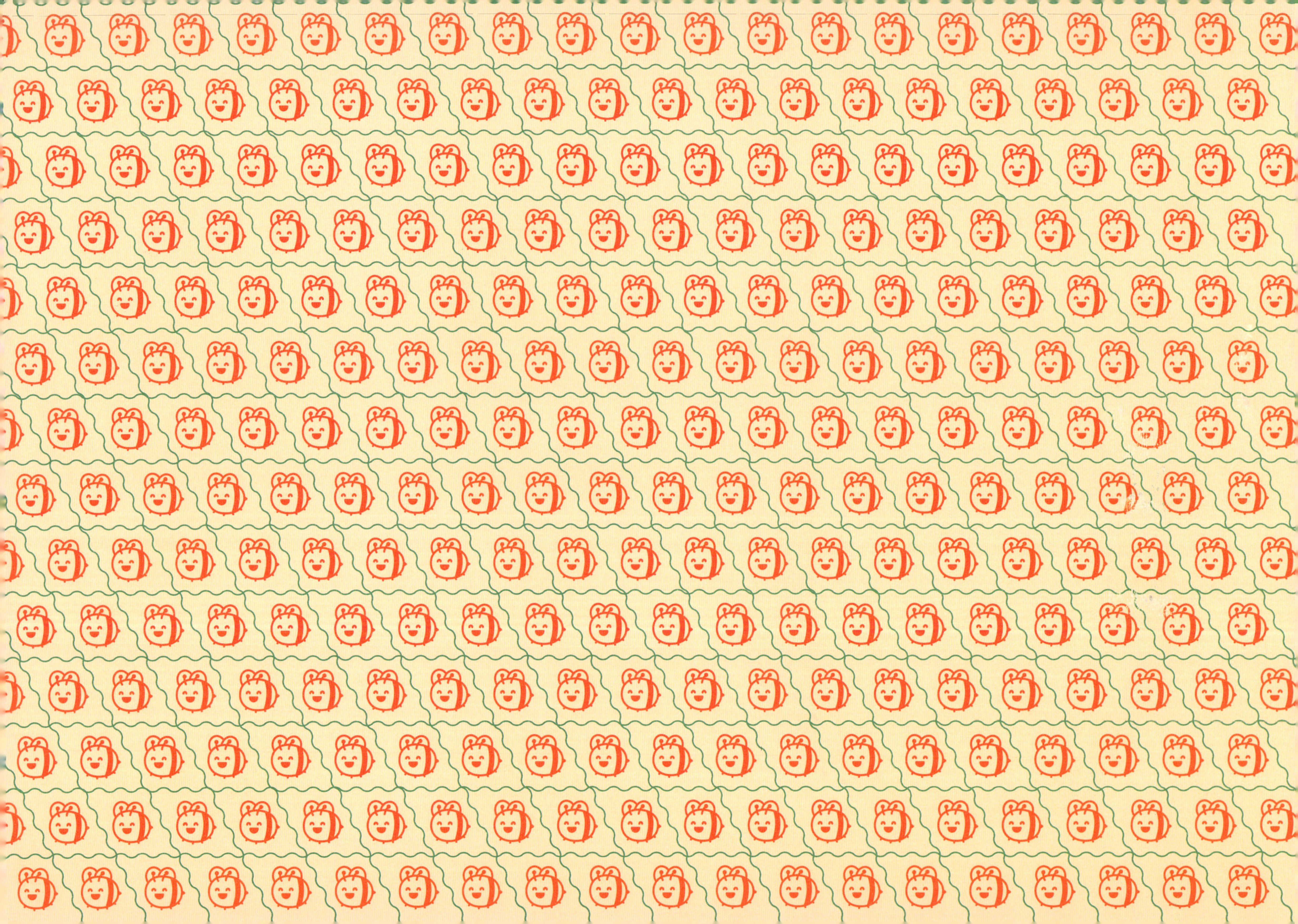

U

LUÍSA

LUCAS

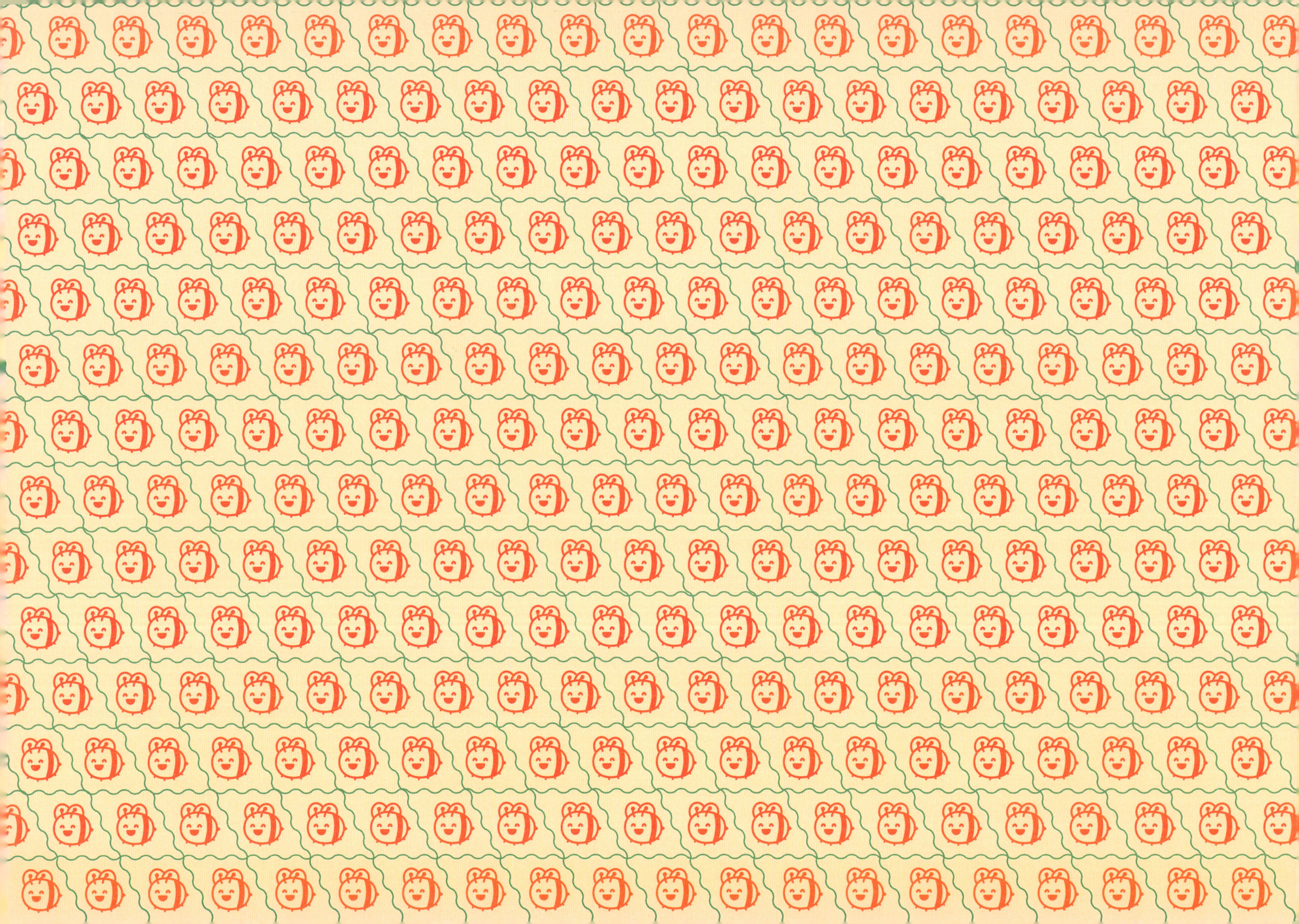

A

I

ASAS

KIWI

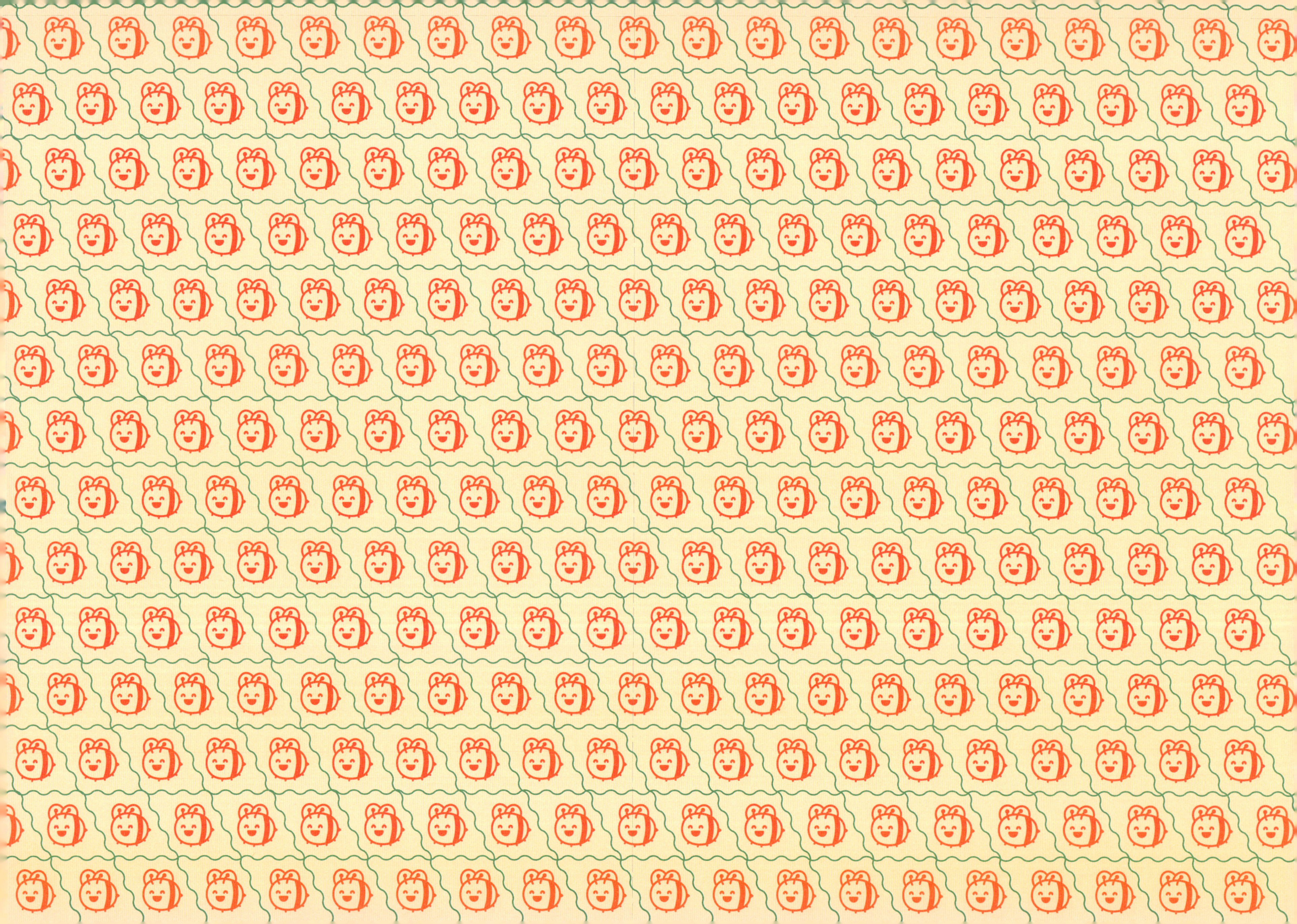

E

ELEFANTE

ESTRELA

O

U

OVO

NARUDON ATSAWALARPSAKUN/SHUTTERSTOCK

UNHAS

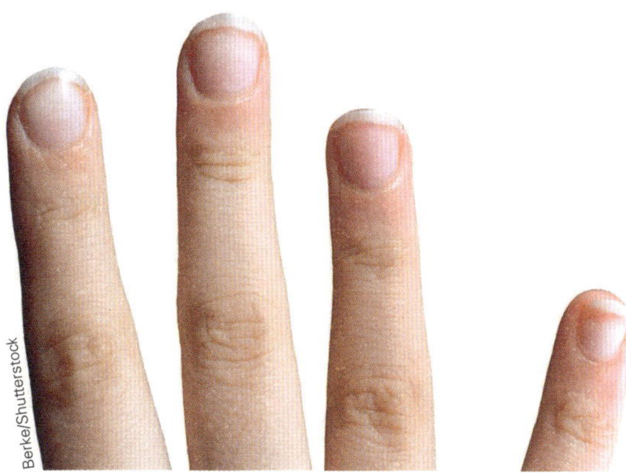

Berke/Shutterstock

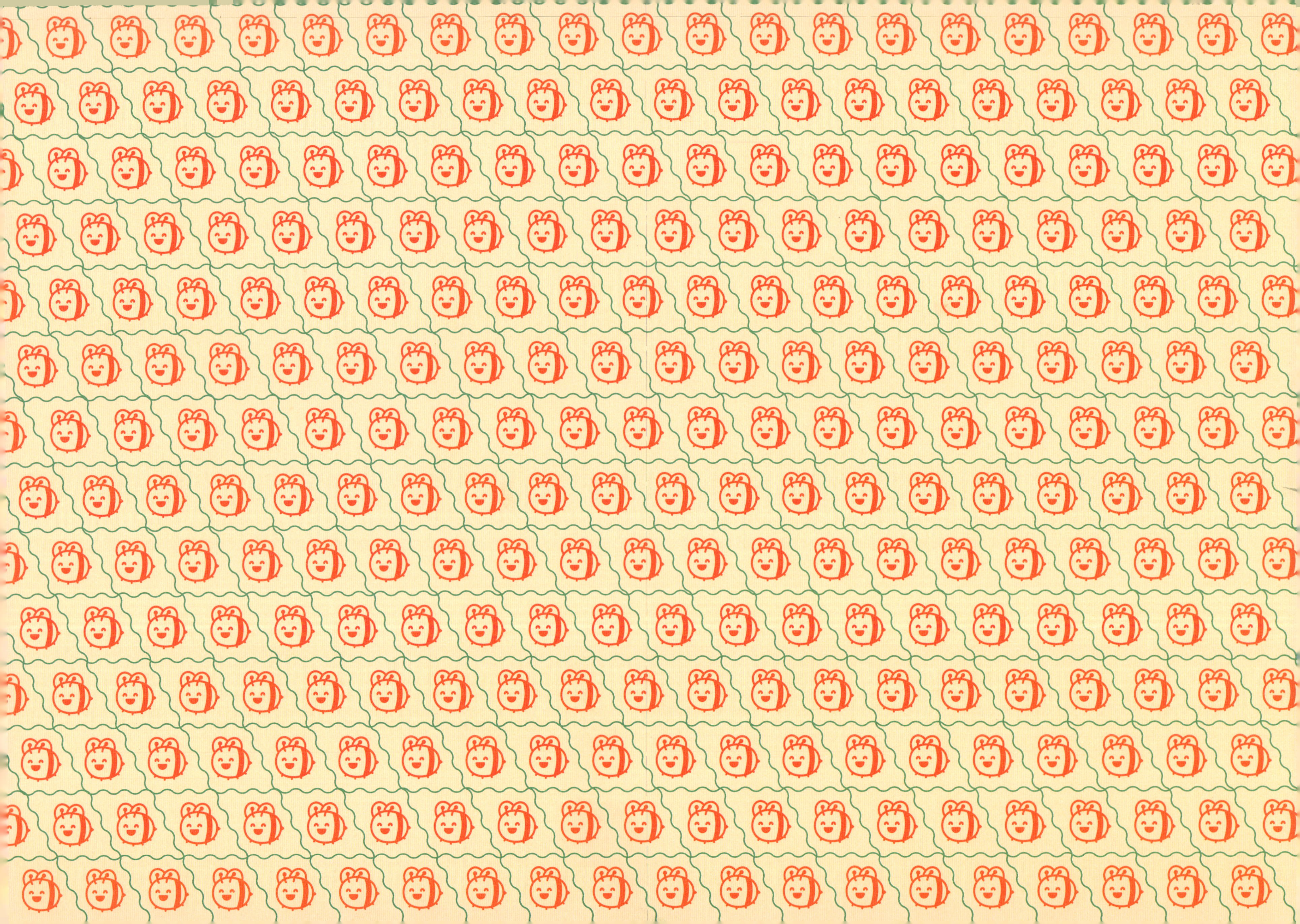